ORBIS BIBLICUS ET ORIENTALIS

Im Auftrag des Biblischen Institutes der Universität
Freiburg Schweiz
und des Seminars für Biblische Zeitgeschichte
der Universität Münster
herausgegeben von
Othmar Keel,
unter Mitarbeit von Bernard Trémel und Erich Zenger

Zum Autor:

Adrian Schenker, O. P. (1939) studierte Philosophie in La Sarte
(Belgien), Theologie in Freiburg/Schweiz und Exegese und orienta-
lische Sprachen an der Ecole Biblique in Jerusalem und in Rom. Seit
1973 ist er Privatdozent für Altes Testament an der Universität
Freiburg/Schweiz. Er hat Arbeiten auf dem Gebiet der alttestamentlichen Textgeschichte und der biblischen Theologie veröffentlicht:
Hexaplarische Psalmenbruchstücke. Die hexaplarischen Psalmenfrag-
mente der Handschriften Vaticanus graecus 752 und Canonicianus
graecus 62, OBO 8 (Freiburg/Schweiz-Göttingen 1975) (Dissertation
und Habilitationsschrift); Das Abendmahl Jesu als Brennpunkt des
Alten Testaments. Begegnung zwischen den beiden Testamenten –
eine bibeltheologische Skizze (Biblische Beiträge 13) (Freiburg/
Schweiz 1977); Versöhnung und Sühne. Wege gewaltfreier Konfliktlösung im Alten Testament; mit einem Ausblick auf das Neue Testament (Biblische Beiträge 15) (Freiburg/Schweiz 1981); Psalmen in
den Hexapla (Studi e Testi) (Rom 1982). Von 1970 – 1980 war er
Sekretär des internationalen Komitees des Weltbundes der Bibel-
gesellschaften für die Textanalyse des hebräischen A.T.

ORBIS BIBLICUS ET ORIENTALIS 42

ADRIEN SCHENKER

DER MÄCHTIGE IM SCHMELZOFEN DES MITLEIDS

Eine Interpretation von 2 Sam 24

UNIVERSITÄTSVERLAG FREIBURG SCHWEIZ
VANDENHOECK & RUPRECHT GÖTTINGEN
1982

CIP–Kurztitelaufnahme der Deutschen Bibliothek

Schenker, Adrian:

Der Mächtige im Schmelzofen des Mitleids: Eine Inter-
pretation von 2 Sam 24 / Adrian Schenker. –
Freiburg (Schweiz): Universitätsverlag;
Göttingen: Vandenhoeck und Ruprecht, 1982.

(Orbis biblicus et orientalis; 42)
ISBN 3–7278–0255–3 (Universitätsverlag)
ISBN 3–525–53660–7 (Vandenhoeck und Ruprecht)

Veröffentlicht mit der Unterstützung des Hochschulrates
der Universität Freiburg Schweiz

Vorwort und Einleitung

2 Sam 24 ist anerkanntermassen eine seltsame Erzählung, die manches Rätsel aufgibt. Die vorliegende Studie versucht, ungeachtet mehrerer Dunkelheiten und Spannungen im Texte eine bestimmende Figur aufzuweisen, von der der erzählte Geschehnisablauf seine Geschlossenheit empfängt. Es geht dieser Untersuchung also um die Gewinnung der Gesamtgestalt der Erzählung, während sie manche Einzelfragen, denen Kommentare in ihrer Schritt um Schritt vorgehenden Erklärungsweise nachgehen müssen, auf sich beruhen lassen kann.

Die Arbeit ging von der Hypothese aus, dass die Erzählung ein durchgebildeter Organismus sein könnte, dessen Teile die notwendigen Glieder eines in sich ruhenden Ganzen wären. Am Ende der Studie steht als Ergebnis die These, dass dem tatsächlich so ist : die Geschichte von 2 Sam 24 ist aufs Ganze gesehen kein in Unordnung geratenes buntscheckiges Gebilde, an dem mehrere Hände geflickt hätten, auch keine Anhäufung disparater Elemente, sondern eine planmässig gestaltete, im wesentlichen intakte Erzählung in mehreren Episoden, von denen keine entbehrt werden kann.

Die prägende Figur oder, wenn man will, der Spannungsbogen der Erzählung ist die Wandlung eines Herrschers, der aus einem für sein Volk rücksichtslosen Tyrannen zu einem Vater seines Landes wird; erst nachdem er so das rechte Verhältnis zur Macht gewonnen hat, wird er berufen, für sich und sein Volk einen Altar zu bauen und die Liturgie zu feiern. Die Konturen dieses Themas sind klar erkennbar geblieben, wenngleich die Ueberlieferungs- und Textgeschichte gelegentlich ihre verändernden Spuren an der gegenwärtigen Gestalt der Erzählung hinterlassen hat.

Die vorliegende Untersuchung setzt sich somit nicht die traditionsgeschichtliche Aufgabe, die Form der Traditionen zu rekonstruieren, bevor sie der Verfasser aufgriff, als er seine Erzählung schuf. Es ist ja wahr-

I

scheinlich, dass er die Tradition von der Gründung des Jerusalemer Heiligtums übernahm, und andere Ueberlieferungen mögen ihm desgleichen vorgelegen haben. Hier geht es vielmehr um die Bestimmung der Absicht, der diese Erzählung Gestalt verlieh.

Die Untersuchung bezieht die Auslegungsgeschichte zwar nicht vollständig, aber doch in breitem Masse ein, um sich die Interpretationen anderer und vergangener Leser zu Nutze zu machen. Diese Auslegungsgeschichte setzte in diesem Fall sehr früh ein, denn die Nacherzählung in 1 Chr 21 ist bereits eine erste Interpretation. Daher erfährt diese Nach- oder Parallelerzählung der Chronik am Schluss unserer Studie eine gesonderte Behandlung als erste Exegese und Deutung, die wir von der Erzählung 2 Sam 24 besitzen.

Diese kleine Arbeit widme ich meinen Mitbrüdern *Franz Müller* und *Joseph Al-Obaidi*.

Inhaltsverzeichnis

"Wir" und "ich" (V. 14)

Der Ausgangspunkt der folgenden Interpretation der Geschichte in 2 Sam 24 ist eine stilistische Eigentümlichkeit in V. 14. König David sagt dort : *Ich* bin in furchtbarer Beklemmung ! *Wir* wollen lieber in die Hand JHWHs fallen, denn sein Erbarmen ist gross; aber *ich* will nicht in die Hand eines Menschen fallen ! (1) In der ersten der beiden als Alternative ausgesprochenen Möglichkeiten ist eine 1. Person Plural Subjekt, in der zweiten dagegen eine 1. Person Singular. Diese zweite Möglichkeit der Alternative bezeichnet klar die zweite der drei Strafen (Hunger, Flucht, Pest), unter denen David auswählen musste (VV. 12f.). Hunger und Pest sind Heimsuchungen, die mit dem König das ganze Volk treffen, während die Flucht des Königs vor den ihn jagenden Verfolgern ihn allein treffen wird. Wir müssen also verstehen, dass sich David weigert, positiv zwischen Hunger und Pest zu wählen, dass er aber negativ die zweite Strafe, die Hetzjagd auf ihn, ausschliesst (2).

Er begründet diese seine Teilwahl. Die Strafen des Hungers und der Epidemie sind das Werk JHWHs, dessen grosses Erbarmen er kennt. Man hat also Grund zur Hoffnung mitten im Strafgericht ! JHWH wird seinen Zorn unter dem Einfluss seines Mitleids mässigen; er wird vielleicht sogar Gnade vor Recht ergehen lassen. Bei Menschen, namentlich bei Feinden, ist das anders ! Die Feindschaft, der Hass haben ja bei Menschen etwas Massloses. Sie steigern sich bis zum Wahnsinn. Wehe dem, der einem Hasser in die Fänge gerät ! (2a)

Aus diesen Erfahrungen mit JHWHs Mitleid einerseits und mit der Grausamkeit der Menschen anderseits weiss David, was er nicht wählen wird, aber er weiss nicht, was er positiv wählen soll. Von den drei Strafen sind zwei unmittelbar Gottes Werk (3), während eine von Menschen vollstreckt werden muss. David wählt somit nicht so sehr unter den Strafen, sondern eher unter den zwei Urhebern oder Vollstreckern der Strafen : er verwirft den Menschen, vor dem er Angst hat, um Gott zu wählen, auf dessen Erbarmen er selbst im Strafgericht noch hofft. Wenn es nur ein Entrinnen vor den Menschen als Strafvollziehern gibt : daran allein ist David gelegen !

Nach alledem schliesst David die zweite Strafe (die Flucht vor Feinden) aus und überlässt JHWH die Wahl zwischen der ersten und der dritten, zwischen Hungersnot und Epidemie.

Es wurde oben deutlich, dass Hunger und Pest hinsichtlich ihres Urhebers und Vollstreckers von der Hetzjagd eines Verfolgten verschieden sind : bei jenen ist es JHWH, bei dieser sind es Feinde, also Menschen. Aber auch hinsichtlich ihrer Ausdehnung unterscheiden sich Hunger und Pest von der Verfolgung eines Flüchtigen : diese trifft den Flüchtigen allein, während eine Hungersnot genauso wie eine Epidemie gleichsam per definitionem eine ganze Bevölkerung schlagen.

Die Wahl stellt den König David somit vor ein Dilemma : unter der Hinsicht des die Strafe Ausführenden hat er alles Interesse, JHWH zu wählen, da er auf sein grosses Erbarmen hoffen darf. Aber unter der Hinsicht der Ausbreitung des Unheils wäre es im Gegenteil besser, er würde sich für die Existenz eines Gehetzten entschliessen, denn dadurch würde er allein anstatt der ganzen Bevölkerung betroffen.

David entschliesst sich tatsächlich für Hunger oder Pest, die Entscheidung zwischen den beiden JHWH überlassend ! (4) Damit legt er bewusst einen Teil der Heimsuchung, die ihm gilt, seinem Lande auf. Deshalb sagt er auch genau und präzise (V. 14) : Wir wollen in die Hand JHWHs fallen. Er verschmäht es also, sich die Strafe auszuwählen, die auf ihm allein läge ("und in die Hand des Menschen will ich nicht fallen"). Denn unter den beiden Uebeln : entweder allein der Grausamkeit von Feinden ausgeliefert zu sein oder aber sein Volk in das Strafgericht JHWHs mithineinzureissen, auf dessen Erbarmen er hofft, unter diesen beiden Uebeln zieht er das zweite vor. Es erscheint ihm offenbar als das geringere. Er hat so einen milderen Richter gewonnen, dafür muss er eine breitere Wirkung der Strafe in Kauf nehmen, die sich auch über sein Volk entladen wird (5). War dies eine vertretbare, richtige Wahl ?

Die zwei Schuldbekenntnisse Davids und die Fürbitte des Schuldigen für die Unschuldigen (VV. 10, 17)

Ein anderer Baustein der Erzählung, der dem Betrachter auffällt, ist das zweite Bekenntnis Davids (V. 17). Es unterscheidet sich in der Tat von seinem ersten Bekenntnis in V. 10 dadurch, dass es neben dem eigentlichen Eingeständnis seines Fehltrittes eine Fürbitte für das Volk enthält. Diese Fürbitte besteht aus zwei Teilen. Zuerst stellt der König die Frage nach der Schuld der Herde. Sinn und Zweck dieser Frage ist die Feststellung der Schuldlosigkeit der Herde an dem Vergehen ihres Hirten. Das Strafgericht traf den Hirten dadurch, dass es dessen Herde dezimierte. Durch das in der Herde ausbrechende Sterben sollte der Schaden den Hirten erreichen (6). Der König trennt jedoch zwischen sich und seinem Volk, indem er einerseits die ausschliesslich ihn belastende Schuld und anderseits klar seines Volkes Unschuld anerkennt.

Der zweite Teil der Fürbitte Davids in seinem Schuldbekenntnis (V. 17) geht noch weiter ! David bittet um die Einschränkung des Strafgerichtes auf den allein Schuldigen, nämlich auf seine Person und auf seine Familie, die ja unablösbar zu seiner Person gehört. Diese Bitte bildet die eigentliche, wenn auch indirekte Fürbitte. Indem nämlich David JHWH ersucht, nur ihn und den mit ihm verbundenen Personenkreis der Familie für seine Sünde zur Verantwortung zu ziehen, bittet er mittelbar um die Entlastung und Entlassung des Volkes aus dem Strafgericht.

Dabei ersetzt V. 17 Davids Wahl in V. 14. Dort hatte er eine Strafe wie Hunger oder Epidemie dem gehetzten Dasein eines Verfolgten vorgezogen, obgleich diese seine Wahl notwendig implizierte, dass sein Volk zusammen mit ihm unter der Strafe würde leiden müssen. Dieser Nachteil schien ihm damals durch den Vorteil aufgewogen zu werden, dass in diesem Fall der barmherzige JHWH und nicht gnadenlose Feinde die Strafe an ihm vollziehen würden. Jetzt (in V. 17) erträgt es David aber nicht mehr, dass die ihm allein gebührende Strafe über ihn hinaus greift und andere, an seiner Schuld Unbeteiligte in den Sog ihres Unheils hinabreisst. Was ihm als das geringere Uebel erschienen war (in V. 14), nur um dadurch JHWH als strafende Instanz zu gewinnen, das betrachtet er nun (in V. 17) als eine Flucht vor seiner Verantwortung, als unerträgliche

Verschonung seiner Person zu Lasten unschuldiger anderer, die an seiner Stelle leiden müssen.

So erträgt er die sein schuldloses Volk verheerende Strafe nicht länger und bittet JHWH unter nochmaligem Hinweis auf die ausschliesslich ihm zukommende und von ihm voll anerkannte Verantwortung, auch die Strafe ausschliesslich ihm aufzuerlegen. Der Schuldige bittet für die Unschuldigen !

Die Fürbitte ist demzufolge hier nicht wie in Ex 32.30-35 die Bitte des unschuldigen Gerechten für Schuldige, sondern umgekehrt : der Ungerechte legt für die Unschuldigen Fürbitte ein (7).

David wählte damit nunmehr eine Strafe, die JHWHs Angebot von drei Strafen (VV. 11-13) modifizierte : er hatte zunächst gewählt, nicht in die Hand von Menschen, sondern in die Hand JHWHs zu fallen (V. 14), daraufhin erbat er eine Strafe, die nur ihn allein treffen sollte (V. 17). Er wollte dergestalt sozusagen die Vorteile der beiden Strafarten vereinen ohne ihre Nachteile : dass JHWH selber sie auferlegen und vollziehen würde wie bei Hunger und Pest, und dass nur David allein von ihr betroffen würde, wenn er allein vor seinen Feinden fliehen müsste. JHWH hatte ihm das erste gewährt : er sandte die Pest (V. 15). Nun bittet David auch um das zweite !

Diese zweite Bitte, die auf eine Fürbitte für das Volk Israel hinausläuft, fliesst aus Davids Sinn für Gerechtigkeit. Sie ist ja selbst ein Akt der Gerechtigkeit. Als ein solcher Akt der Gerechtigkeit ist sie das Gegenteil der Sünde, die ja Rücksichtslosigkeit gegenüber Israel gewesen ist ! Sie hebt die Sünde gleichsam auf, indem die Gerechtigkeit den Platz einnimmt, den vorher der Trotz und die Herausforderung JHWHs in Davids Herzen besetzt hatten, als er die Volkszählung anordnete (VV. 3f.) (8). Mit Davids Fürbitte ist ein positiver Akt an Stelle des negativen Aktes der unerlaubten Volkszählung getreten. Seine Fürbitte für das unschuldige Israel besiegelt Davids Umkehr : wie er durch seine Schuld Unheil über sein Land gebracht hatte, so versucht er jetzt durch seine Fürbitte seinem Volke Heilung von der Seuche zu verschaffen.

4

Die Notwendigkeit eines zweiten Schuldbekenntnisses des Königs David (V. 17)

Wie ist es jedoch denkbar, dass ein Schuldiger für Unschuldige Fürbitte leistet und Erhörung findet? Wodurch ist denn Davids Fürbitte veranlasst worden? Es ist das Schauspiel der Tausenden von Toten der Epidemie (V. 15, 17). Das Ausmass der noch weiter fressenden Katastrophe (V. 17a) bestürzt ihn, und in dieser seiner Bestürzung bittet er um Schonung für sein schwer heimgesuchtes Volk.

Das Argument, das er in die Waagschale der Fürbitte wirft, ist seine Bereitschaft, die Verantwortung der Schuld ganz auf sich zu nehmen, was immer es ihn und seine Familie auch kosten würde. Er verzichtet auf Schonung für sich selbst, um Schonung für Israel zu erhalten. Die Rettung seines Volkes ist ihm in diesem Augenblick teurer geworden als die Rettung seiner eigenen Person und Familie. Während er in V. 14 das für ihn Vorteilhafteste ausgesucht und dafür das Leid seines Volkes einkalkuliert hatte, versucht er jetzt bei JHWH das Beste für sein Volk zu erreichen, bereit, dafür seine eigene Rettung preiszugeben.

Davids Fürbitte ist damit die exakte Umkehrung seines Fehltrittes in der Volkszählung : in dieser hatte er um seines persönlichen Interesses willen das Heil seines Landes aufs Spiel gesetzt, während er in der Fürbitte nun umgekehrt im Interesse der Rettung seines Volkes das Heil seiner Person und seiner Familie als Preis anbietet. Diese Fürbitte ist aber auch die Ueberbietung, ja der Widerruf von Davids Haltung in V. 14 : Denn hier hatte David noch das Leiden seines Volkes als unvermeidliche Nebenwirkung, gleichsam als die zerbrochenen Eier, die für eine Omelette nötig sind, in seine Rettung einbezogen, während er nunmehr (V. 17) den Anblick der von schwerstem Unglück heimgesuchten Bevölkerung nicht mehr aushält und es bereut, diese Epidemie von Gott erbeten zu haben.

Das Ethos, das einer solchen Fürbitte entspricht, ist das Erbarmen mit den leidenden Menschen, das bis zur Preisgabe der eigenen Person geht, falls eine solche Preisgabe dem Untergang dieser Menschen wehren kann. Dieses Ethos ist der Sünde entgegengesetzt, die den Untergang von

von Menschen nicht nur akzeptiert, sondern betreibt, sobald er im Interesse der eigenen Person liegt.

Von V. 3f. über V. 14 bis zu V. 17 zeigt uns die Erzählung von 2 Sam 24 nach alledem Weg und Wandlung eines Herrschers. Seine Konzeption der Macht erfährt eine Wendung um hundertachzig Grad. Am Anfang lässt ihn das gefährliche Risiko, das er durch seine Zählung der Bevölkerung auf sein Land legt, trotz Joabs Warnungen kalt. Denn da geht es ihm noch um seine Macht, deren Ausdruck die zahlenmässige Stärke der Landesbewohner und vor allem des Heeres ist (V. 3f.) (9). In der Katastrophe versucht er zunächst sich selbst zu retten unter Preisgabe seines Volkes (V. 14). Am Ende zieht er seinen eigenen Untergang und den seiner Familie dem Untergange seines Volkes vor (V. 17). Aus einem Despoten wurde König David ein Vater seines Landes; er beutet sein Volk nicht mehr für sich und seine Macht aus, sondern er gibt sich und seine Familie für es hin (10).

Das zweite Schuldbekenntnis wird jetzt in seiner Notwendigkeit und in seinem Unterschied zum ersten Bekenntnis in V. 10 klar erkennbar : dieses hatte die Sünde der unerlaubten Volkszählung zu seinem alleinigen Gegenstand (V. 10), während jenes (V. 17) sowohl diese Sünde des Zensus bekennt als auch darüber hinaus die Rücksichtslosigkeit (V. 14) einsieht, mit der David das unschuldige Volk in die Strafe einbezog, um sich dadurch selber eine leichtere Strafe zu verschaffen.

Die Achse des Geschehens am ersten Tag der Pest : JHWHs und Davids Umschwung (VV. 15-17)

Der beschriebenen Wandlung des Königs David von der ängstlich-selbstsüchtigen Sorge um die eigene Rettung zur Uebernahme aller Verantwortung im Interesse von Israels Rettung (von V. 14 zu V. 17) entspricht die Wandlung JHWHs, die V. 16 in den Begriff der Reue JHWHs fasst : sein Zorn (V. 1) weicht seinem Erbarmen (V. 15f.) !

Welches ist das Verhältnis zwischen diesem Umschwung JHWHs (V. 16) und dem Umschwung Davids (V. 17) ? Die treibende Kraft in der Gesinnungsänderung des Königs war das Erbarmen gewesen, das David beim Anblick der grossen Zahl von Hingerafften und der Bedrohung Jerusalems schon am ersten Tage der ausbrechenden Epidemie erfasst hatte. Der Anblick so schweren, ausgedehnten Leides in seinem Volk war ihm unerträglich. Das fremde Leiden hatte ihn durch seine Furchtbarkeit zur Besinnung gebracht, welch schwere Verantwortung er trug. Während er zuerst, vor allem an sich selber denkend, das Sterben in seinem Volke als unvermeidliche Unkosten für seine Rettung ohne grössere Bedenken hingenommen hatte, wurde es ihm nun, nachdem es Wirklichkeit geworden war, zum Problem, zur Gewissensfrage. Er gab sich erst angesichts der sichtbaren, zerstörerischen Folgen Rechenschaft darüber, was er um der Bewahrung seiner eigenen Person willen von Gott erbeten hatte, und die Reue ergriff ihn, etwas verlangt zu haben, was solches Leiden über die Bevölkerung seines Landes gebracht hatte. *Der Anblick dieses fremden Leides rührte ihn* nach alledem *zu Mitleid, und dieses Mitleid liess ihn seine Haltung in einem Akte der Reue ändern, sodass er nunmehr die Verantwortung mitsamt ihren unheilvollen Folgen allein tragen wollte.*

Dieses Erbarmen, das die Triebfeder zur Reue des Königs war, war auch die Macht, die Gott zur Reue, d.h. zur Wandlung bestimmte ! Dies zeigt V. 15 mit aller Klarheit an der verwendeten Zeitbestimmung : "vom Morgen bis zu einer vereinbarten (bestimmten) Zeit" : ועד עת מועד.

Denn wie immer dieser Ausdruck gedeutet werden muss (11), soviel ist klar : es handelt sich um einen Zeitpunkt an diesem gleichen ersten Tag des Ausbruchs der Epidemie, da "von Morgen an bis Zeitpunkt X" verlangt, dass X noch in denselben Tag fällt. Andernfalls müsste in Tagen (vom 1. bis zum x. Tag) gerechnet werden (12). Die ausgebrochene Pest wütet somit vom Anbruch des ersten Tages bis zu einem bestimmten, nicht näher bezeichneten Zeitpunkt am selben Tag in solcher Heftigkeit, dass sehr viele Menschen (70'000) sterben. V. 16 spielt sich immer noch an diesem ersten Tag ab; wir stehen an dem in V. 15 bezeichneten Zeitpunkt des noch nicht vollendeten Ablaufs des Tages. Dasselbe gilt für V. 17, denn in ihm wird David den Würgengel gewahr, der das Volk noch schlägt ! V. 17 ereignet sich demzufolge am ersten Tag, vor dem Zeitpunkt, an dem JHWHs Reue dem heimsuchenden Engel Einhalt gebot.

Gott bricht die Ahndung von Davids Schuld also vorzeitig ab. Statt der ursprünglich verhängten drei Tage hat sie nicht einmal einen ganzen

7

Tag gedauert. Dieser Strafabbruch oder Erlass der letzten zwei Drittel der noch abzubüssenden Strafe sind Ausdruck der Gnade JHWHs. Ursache für diese seine Begnadigung des Volkes ist sein Mitleid mit ihm beim Anblick der furchtbaren Auswirkungen der Pest : in wahrscheinlich nicht einmal 12 Stunden, vom Morgen bis gegen Abend, sind schon 70'000 Tote zu beklagen (V. 15). Die Seuche ist so grässlich verheerend, dass Gott nicht länger zuschauen kann und auf die vollständige Ausführung des Urteils verzichtet. Er lässt Gnade für Recht ergehen.

Diese grosse Zahl von Pestopfern erklärt der Verfasser daraus, dass die Epidemie das ganze Territorium des Landes schon am ersten Tag in einer Bewegung erfasste, die Jerusalem einkreiste. Damit entsprach die Ausbreitung der Krankheit der Bewegung der Volkszähler, die das Land in einer Kreisbewegung im Gegenuhrzeigersinn (ostwärts, nordwärts, westwärts und südwärts, zuletzt von der Peripherie ins Zentrum zurücklenkend nach Jerusalem, VV. 5-8) erfasst und aufgenommen hatten. Der Sünde und ihrer Bewegung korrespondierte auf diese Weise die Pest mit der gleichen Umfassungsbewegung, und wie die Volkszähler am Ende nach Jerusalem zurückkehrten, so ereilte die Seuche als letztes Ziel diese Stadt, nachdem sie die ganze Kreisfläche ringsum schon überzogen hatte (13).

Ehe es zum Schlag gegen Jerusalem vor dem Ende des Tages kam, besiegte das Mitleid JHWH, und er beendete die Epidemie. JHWHs Erbarmen, das seinen Zorn vertreibt (V. 16), steht parallel zu Davids Erbarmen, das seine Sorge um sich selbst auflöst. Beiden, JHWH und David, ist der Anblick des Leides, das Israel trifft, unerträglich. JHWH setzt ihm ein Ende, David bittet um ein Ende. Die Bitte Davids fällt mit dem Willen JHWHs in eins. Die Fürbitte des Königs bittet um das, was im Willen JHWHs liegt (14).

Dabei ist Davids Fürbitte nicht die Ursache von JHWHs Erbarmen. Es ist willkürlich, V. 17 in V. 16 einzuschieben, um JHWHs Reue zu begründen (15). Sein Umschwung von Strenge zu Gnade ist das Werk seines Erbarmens mit dem furchtbar geprüften Volk, nicht jedoch seine Antwort auf Davids Fürbitte, übrigens auch nicht seine Fürsorge für die Stadt Jerusalem. Nicht weil es Jerusalem ist, das von seinem Wesen her immun wäre, hebt JHWH hier die Heimsuchung auf, sondern weil ihn das Mitleid mit dem ganzen Volke gerade da übermannt, wo die Pest die Schwelle der Stadt Jerusalem überschreiten will (16).

David und JHWH kommen zusammen im gleichen Mitleid mit dem schwer leidenden Volk ! Das ist der Grund, weshalb JHWH gerade David zum Stifter des sühnenden Kultes durch den Propheten Gad einsetzt ! Als König, der imstande ist, mit seinem Volk solches Erbarmen zu fühlen, dass er lieber mit Person und Familie untergehend die Folgen seiner Sünde trägt als sie seinem Volk aufzuladen und sich so zu salvieren, ist er der Mann geworden, Israel JHWHs Erbarmen als priesterlicher, liturgischer Mittler zu bringen. Denn Mandant und Mandatar, Auftraggeber und Beauftragter, Gott und König sind beide einmütig in ihrem Mitleid, aus dem heraus sie beide das Volk vor weiteren Leiden, ja Sterben verschonen wollen. David konnte die Liturgie der Heilung Israels im Namen JHWHs gründen, weil er im Angesichte des Leidens der Menschen endlich dasselbe dachte und empfand, was JHWH, nämlich ein so brennendes Mitleid, dass er lieber selber gelitten hätte als Leiden mitansehen zu müssen.

Auf eine Formel gebracht ist der Inhalt der Erzählung von 2 Sam 24 dieser : Der König erhält erst dann die Befugnis, Altar und Kult zu stiften, als er das richtige Verhältnis zur Macht gewonnen hat; das richtige Verhältnis zur Macht aber kann nur der zu Mitleid fähige Mächtige finden !

JHWHs Erbarmen in sichtbarer Gestalt : der Auftrag zu Altarbau und Opferdarbringungen (VV. 18-25)

Stellen VV. 15-17 die Achse des Geschehens in 2 Sam 24 dar, so fragt sich, was der Sinn und die Bedeutung der folgenden VV. 18-25 ist ? Da JHWH nach V. 16 gleichsam eine Amnestie gewährt hatte, indem er das Strafgericht vorzeitig aufhob, scheint Davids Altarbau und Opfer tatsächlich überflüssig geworden oder an den falschen Platz geraten zu sein. Stehen die VV. 18-25 in einem sinnvollen und notwendigen Zusammenhang mit VV. 15-17 ? Oder ist dieses Gefüge durch Erweiterungen und Umstellungen um seinen logischen Aufbau gebracht worden, sodass man verschiedene Hände unterscheiden und den ursprünglichen, unverstellten Wortlaut freilegen muss (17) ?

In VV. 19-25 haben Davids Altar und Opfer klar sühnenden Charakter, obleich der besondere Begriff für kultische Sühne (כפר, Nomen oder Verb) hier nicht erscheint ! Die Verwendung dieses Begriffes ist

9

jedoch nicht nötig, damit der Vorgang der Sühne gegeben ist. In 1 Sam 3.14 heisst das Sühneopfer זבח und מנחה, wobei der Kontext es über jeden Zweifel erhebt, dass diese beiden Opfer Sühnopfer sind; in 1 Sam 26.19 heisst das aus dem Zusammenhang deutlich erkennbare Sühnopfer entsprechend מנחה, obgleich der Begriff ''Sühne'' (כפר) auch da im Kontext nicht fällt. Die Namen für das spezifische Sühnopfer in den liturgischen Texten des Pentateuchs, חטאת und אשם, werden in den Samuelis-Büchern nicht gebraucht, abgesehen von אשם in 1 Sam 6.3,4,8,17.

Wir können nach alledem die Sühnopfer in den Samuelis-Büchern nicht allein an einer spezifischen Terminologie erkennen. Wir sind vielmehr darauf angewiesen, sie aus dem Sinnzusammenhang auch aus allgemeineren Bezeichnungen von Opfern (זבח, מנחה) zu erschliessen.

Sühnopfer sind wie alle Opfer und aller Kult in der Antike göttlicher Institution. Dies bedeutet, dass sie göttliches Angebot an den Menschen sind, sich dieser kultischen Mittel der Opfer in der Situation der Schuldverlorenheit zu bedienen, um Vergebung zu erlangen. Als göttliche Stiftungen zur Rettung der Menschen aus todbringender Schuld sind sie Erweis der Huld der Gottheit. So geht Gottes Huld dem Opfer des Menschen voraus ! (18)

Dies ist der Horizont, in dem der Prophet Gad (V. 18) im Auftrage JHWHs den König auffordert, für JHWH einen Altar auf der Tenne des Jebusiters Arauna aufzurichten. JHWH ist es, der selbst den Altar befiehlt und dessen Stätte bezeichnet. Dieser Befehl JHWHs als solcher ist der Beweis seines Versöhnungs- und Vergebungswillens.

Der Zweck des Altares ist in V. 21 und 25 ausgesprochen : er wehrt der Plage der Epidemie. Den Vorgang muss man sich somit in seiner Struktur wie folgt denken : von JHWH geht die Stiftung des Altares und der Opfer aus; David kommt dieser Aufforderung JHWHs nach, errichtet den Altar und bringt Opfer dar (V. 25); die Epidemie hört auf. JHWH hatte damit selbst das Mittel bezeichnet, mit dessen Hilfe der König die Epidemie vertreiben konnte. Der aufgetragene Altarbau und der zu feiernde Kult sind somit das Zeichen und der Erweis von JHWHs Amnestie und Gnade; aus diesem ihnen geschenkten Zeichen wissen David und Israel, dass sie nicht mehr mittel- und wehrlos der verheerenden Pest ausgeliefert sind, sondern dass dieser von seiten JHWHs ein Ende gesetzt werden soll (19).

Das Verhältnis der VV. 18-25 zu V. 16 (Reue und Erbarmen JHWHs) leuchtet damit ein : V. 16 spricht vom Wandel JHWHs, der statt Israel zu zürnen sich seiner erbarmt, VV. 18-25 teilen uns die Massnahme mit, die JHWH aus diesem seinem Erbarmen heraus zugunsten Israels anordnet : um Abhilfe zu schaffen, stiftet JHWH einen abhelfenden Kult, dessen Stiftung er durch seinen Propheten offenbaren lässt.

Dies ist ganz altorientalisch gedacht : Gedanken und Entschlüsse einer Gottheit haben ja immer eine sichtbare Gestalt in Form einer Botschaft oder einer kultischen Institution, an der alle Menschen Absicht und Willen der Gottheit wie an einem Plakat ablesen können, genau so, wie umgekehrt ein aussergewöhnliches Unglück im Lande den Zorn der Gottheit anzeigt ! Der sühnende Kult ist die Abbildung und der Beweis dafür, dass JHWH es mit seinem Erbarmen ernst meint. Israel und David werden ihrer Bewahrung vor der Epidemie und damit ihrer Vergebung auf anschauliche Art gewiss gemacht, und diese Anschaulichkeit wird eben durch die liturgisch-kultische Feier des Altarbaus und Opfers auf Araunas Tenne geschaffen ! (20)

So addieren sich JHWHs Erbarmen (V. 15f.) und die Stiftung einer heiligen Stätte und Liturgie (VV. 18-25) keineswegs ! Diese ist ja die sichtbar-anschauliche Seite von jenem. JHWHs Reue und Erbarmen erfindet sich in dem dem König aufgetragenen Kulte einen Ausdruck; JHWHs Reue und JHWHs Kultstiftung verhalten sich zueinander wie ein gedachtes zu einem laut ausgesprochenen Wort oder wie der Vergebungswille zur Gewährung des Verzeihens. VV. 18-25 verkörpern in der Oeffentlichkeit und vor aller Augen das nach V. 16 in JHWHs Herz Geschehene.

Solchermassen realisieren VV. 18-25 nach aussen das in VV. 16-17 im Inneren JHWHs und Davids Entschiedene. Der sühnende Kult setzt JHWHs Reue in die israelitische Wirklichkeit um, während die Beauftragung des Königs mit der Ausführung dieses Kultes die Erhörung seiner Fürbitte durch JHWH bedeutet, der freilich den zweiten Teil der Bitte Davids, er und seine Familie möchten für die Schuld des Königs allein büssen, stillschweigend fallen lässt. *Weil der König in dieser seiner für-bittenden Reue vollkommen Gott entsprach, bestimmte ihn Gott auch zum Liturgen, der den sühnenden Kult vollziehen sollte.* In David deckte sich die Gesinnung des Herzens (V. 17) damit genau mit dem Vollzug des versöhnenden Ritus (VV. 18-25), denn beide hatten dasselbe Ziel, das Volk Israel vor dem Tod durch die Pest zu bewahren; und beides : Gesinnung des Herzens und Liturgie der Sühne, entsprachen auf der Ebene der Menschen (David und Israel) dem, was JHWH in seinem Herzen beschlossen hatte (V. 16).

Vom versöhnenden Opfer Davids zum Altar der immerwährenden Hilfe in Jerusalem (VV. 18-25)

Mit grosser Klarheit rückt der Schluss der Geschichte (VV. 18-25) die Errichtung eines Altares durch König David und seine Opferdarbringung auf dem neu errichteten Altar in die Mitte. Für die unmittelbar gegebene Heimsuchung Israels hätte das Israel mit JHWH versöhnende Opfer auf einem schon bestehenden oder auf einem ad hoc erbauten und dann wieder entfernten Altar genügt. Die Stiftung eines neuen, bleibenden Altares in Jerusalem im Zusammenhang mit Davids Versöhnungsgottes-dienst führt über das Einzelgeschehen der damals geschehenen Pest-stillung hinaus. Der unter solchen Umständen erfolgte Altarbau erklärt nicht nur die nackte Tatsache, warum gerade in Jerusalem ein Kultort steht, sondern er lässt die besondere Kraft erkennen, die von diesem Ort und von seiner da gefeierten Liturgie für alle Zeiten ausstrahlt.

Zunächst stiftet der König persönlich auf Geheiss JHWHs, der durch den Mund seines Propheten Gad spricht, diesen Altar, wie es auch der König ist, der den ersten, aussöhnenden Opferdienst als Liturge voll-zieht (21).

Die Errichtung von Altären ist Sache der Kultgemeinden; Altäre sind nicht privat, daher ist der Bau eines Altars Aufgabe des Familien-oberhauptes oder des Volksführers, eines Richters (Erzväter wie z.B. Gen 12,7f.; 26.25; 33.20; Richter wie Gideon in Ri 6.25, usw.), einer Gemeinschaft als solcher (z.B. der Altar der Stämme Ruben, Gad und Halbmanasse, Jos 22.9-34), oder des Königs wie hier. Auch Mose hat in

Ex 24.4 den Altar des Bundesschlusses als Oberhaupt Israels errichtet. Private Personen, die ein Heiligtum besitzen wollen oder eines entdecken, stellen eine Massebe auf (Jakob in Bethel, Gen 28.18,22), haben Laren in ihrem Besitz oder transportable Kultgegenstände (Teraphim, Ephod) (Laban und Jakob in Gen 31.30-35; Michajehu in Ri 17-18; Gideon in Ri 8.27). Altäre jedoch finden wir keine in der Hand von Einzelnen. Als Gideon den Altar seines Vaters in Ophra niederriss, war daher die ganze Gemeinde darüber aufgebracht, weil der Altar nicht Gideons Familie privat, sondern der ganzen Stadt Ophra öffentlich gehörte (Ri 8.25-32).

David gründet damit den Altar im Namen und zugunsten des ganzen Volkes, dessen Repräsentant er in dieser Stifterfunktion ist. Gott ist der eigentliche Stifter des Altares und der auf ihm vollzogenen Opferliturgie. Die Ausführung dieses zu gründenden Altares und Kultes wird durch den Propheten Gad dem König übertragen. Der so gestiftete Kult an heiliger Stätte kommt dem Volke Israel zugute.

Der Erzähler legt grosses Gewicht auf den Ankauf des Grundstückes, auf das der neue Altar zu stehen kommt (VV. 21-24). Mit einer blossen unentgeltlichen Ueberlassung wollte sich der König nicht begnügen. Er verlangte klare, unwiderrufliche Besitzverhältnisse, die nur durch einen rechtsgültigen Kauf geschaffen wurden, der allfällige Besitzansprüche des jetzigen jebusitischen Eigentümers und seiner künftigen Erben ein für allemal aufhob. Dies erklärt die im einzelnen beschriebene Verhandlung, die dem Kauf der Tenne Araunas vorausging.

Der Besitzer der Tenne war Jebusiter, also ein Nicht-Israelite. Von ihm konnte König David das Grundstück definitiv erwerben. Bei einem Israeliten wäre dies nicht möglich gewesen, da israelitischer Grundbesitz grundsätzlich nicht aus der Familie hinaus veräussert werden durfte, und, falls dies unter dem Druck der Verhältnisse doch hatte geschehen müssen, so lag auf dem veräusserten Grundstück das Servitut des Rückkaufrechtes der Familie, die vermöge dieses Rechtes das Grundstück jederzeit wieder auslösen und an sich zurückbringen durfte (22). Bei dem Jebusiter Arauna war diese grundsätzliche Gebundenheit seines Grundes und Bodens an seine Familie durch die Generationen hindurch nicht gegeben.

Arauna versucht zuerst, dem Verkauf seiner Tenne zu entgehen und den König von seinem Kauf abzubringen, indem er ihm das zum Opfer Nötige spontan offeriert : Ort, Stiere und Brennholz (V. 24f.). David soll verstehen, dass er die Tenne gar nicht zu kaufen braucht, wenn es ihm nur darum zu tun ist, an dieser Stelle ein Opfer darzubringen. Das Opfer ist durchaus möglich, auch ohne dass das Grundstück seinen Besitzer wechselt. Arauna erleichtert David sogar die augenblickliche Verwirklichung seines Vorhabens : er stellt ihm nicht bloss seine Tenne zur Verfügung, sondern dazu noch seine Dreschochsen und das Holz der Dreschschlitten, sodass alles zum Opfer erforderliche bereitsteht und der König bloss seine Hand zum unverzüglichen Vollzug des Opfers auszustrecken braucht! Unter dem Eindruck einer so grosszügig angebotenen und gebrauchsbereit daliegenden Möglichkeit wird dem König vielleicht die Notwendigkeit nicht mehr zwingend erscheinen, die Tenne zu kaufen.

Eine ähnliche Verhandlung hatte Abraham geführt, als er die Höhle von Makpela als Begräbnisstätte für seine Frau Sara erwerben wollte (Gen 23). Der Besitzer des Grundstückes, der Hetiter Ephron, gab Abraham seine bereitwillige Zustimmung, Sara auf seinem, Ephrons, Grund und Boden zur Erde zu bestatten, ohne dass es deswegen notwendig geworden wäre, die Höhle an Abraham zu verkaufen. Sara konnte ruhig da begraben werden, und gleichzeitig blieb der Boden weiterhin im ungestörten Besitz Ephrons.

Wenn Abraham und David auf dem Kauf bestanden, so geschah dies um der Endgültigkeit der Grab- und Kultstätte willen. Was Gott als Kultstätte bezeichnet hatte, sollte für immer Kultstätte bleiben, und wo die früheren Geschlechter der Familie versammelt waren, da sollten sie ruhen können, ohne dass fremde Eigentümer kraft ihres Besitzrechtes eingreifen und diesem Zustand ein jähes Ende setzen konnten. Ebenso hatte Jakob das Grundstück käuflich erworben, auf dem er seinen Altar für El, Israels Gott errichtete (Gen 33.19f.) (23).

David begründet seinen Kaufwillen mit dem Hinweis auf das Unziemliche, das darin läge, mit fremden Gaben und fremdem Besitz Opfer darzubringen. Man würde sich damit vor Gott gleichsam mit fremden Federn schmücken (V. 24). Diesem Argument kann sich Arauna nicht entziehen; es ist übrigens wichtig für das Verständnis des Opfers im alten Israel,

14

denn es zeigt, dass es in Davids und Araunas Augen nicht auf den materialen Vollzug des Opfers allein ankommt, sondern auf die Gesinnung des Opfernden, die notwendig den persönlichen Willen einschliesst, Gott ein Geschenk zu machen! Der Opferdarbringer muss Gott etwas aus seinem Besitz und damit etwas von sich selber geben, sonst ist das Opfer wertlos.

Aber in diesem Argument offenbart David nicht seine ganze Absicht. Neben der Notwendigkeit, ein echtes Opfer darzubringen, sieht er eine zweite, die er Arauna gegenüber verschweigt, die sich aber aus dem Kaufwillen ableiten lässt: das Opfer soll nicht ein einmaliges Opfer bleiben, sondern zu einem eine dauernde Opferliturgie an dieser Stätte inaugurierenden Einweihungsopfer werden. Deshalb ist ihm am Erwerb des Bodens gelegen.

Genau so hatte Abraham ein Familiengrab im Sinne, indem zu Sara nach und nach die anderen Glieder der Familie und die nachfolgenden Generationen in der Zukunft hinzukämen, und dafür musste das Grab zu einer definitiven Begräbnisstätte werden, nicht bloss zu einem einmaligen, vereinzelt bleibenden Grab.

David macht auf Gottes Anordnung hin aus diesem einen Versöhnungsgottesdienst eine bleibende Liturgie. So versteht Israel, dass der Jerusalemer Altar ein bleibendes Pfand der Versöhnlichkeit JHWHs ist, nicht nur in diesem einen Fall der Peststillung, sondern in allen künftig sich ereignenden ähnlichen Unheilsschlägen (24).

Diese Stiftung Davids ist übrigens nicht die Gründung einer Wohnung Gottes! In ihr gewährt JHWH vielmehr einen Altar und eine Opferliturgie. David stiftet somit im Auftrag Gottes diesen Kult in Jerusalem, während der Bau der Wohnung Gottes Salomo vorbehalten bleiben sollte. Das Jerusalemer Heiligtum ist demgemäss ein Gemeinschaftswerk Davids (Altar) und seines Sohnes Salomos (Tempel). Immerhin ist es der Beachtung wert, dass der bei einer Tempelgründung so wichtige Akt der Standortsbestimmung auf David zurückgeführt wird! Nicht der Bau der Mauern ist ja für das antike Empfinden das Entscheidende, sondern die Entdeckung des heiligen Ortes, den die Gottheit für ihre Stätte selber bezeichnet. Dieser eigentliche Gründungsakt gehört somit David, nicht Salomo!

David ist durch seine Reue und Fürbitte der geeignete Liturge dieses Versöhnungsopfers und der im eigentlichen Sinne berufene Stifter der künftigen sühnenden Liturgie geworden. Die Erzählung schliesst mit diesem Bilde des königlichen Priesters, auf dessen Brand- und Gemeinschaftsopfer hin Israel das Heil geschenkt wird.

Verbot und Freigabe des Volkszählungsrechtes durch JHWH (VV. 1-4)

Diesem Schlussbild scheint das Eröffnungsbild der Erzählung in schroffem Kontrast gegenüber zu stehen. Denn hier (V. 1) reizt JHWH David selbst, die für Israel verderbliche Zählung zu veranstalten.

Zwei Fragen stellen sich sogleich dem Leser : Warum stiftet JHWH David zu einer Volkszählung an, die zum Verhängnis Israels wird ? Warum ist eine Volkszählung ein Verhängnis für das Volk ?

Die Antwort auf die zweite Frage soll zuerst erfolgen, denn diese Antwort liefert eine Einsicht, die zur Lösung der ersten Frage mithilft.

Das A.T. kennt Ueberlieferungen, nach denen Israel gezählt werden durfte und auch tatsächlich gemustert wurde : Num 1 und 26 und Ex 30.11-16; 38.25f. Nach diesen beiden letzten, priesterschriftlichen Stellen war die Musterung offenbar fester Bestandteil der Tempelverwaltung, die von der Musterungsgebühr lebte, welche als Tempelsteuer wohl eine wichtige Einnahmequelle des Jerusalemer Tempels gewesen sein muss. Diese Musterungsgebühr wurde deswegen dem Tempel abgeliefert, weil die Gebühr als JHWH zukommend betrachtet wurde und daher nicht profanen Zwecken zufliessen durfte. Der eigentliche Empfänger der Gebühr war JHWH.

Dies bedeutet, dass die Musterung des Volkes als ein JHWH vorbehaltenes Recht betrachtet wurde, das er freilich gegen die Entrichtung einer Gebühr menschlichen Instanzen in Israel übertragen konnte. Es leidet keinen Zweifel, dass die Volkszählung JHWHs Recht war, denn in Num 1 und 26 ordnet er sie selber an. Er befiehlt diese Musterung kraft ihm zustehender Vollmacht und Autorität. Dass er diese Vollmacht, das Volk zu mustern, überträgt, dafür spricht Ex 30.11-16. Die Uebertragung der Musterungsvollmacht kommt in der Erhebung der Gebühr zum Ausdruck. Diese ist ja die Anerkennung der Kompetenz JHWHs und so etwas wie der Preis, den man in Israel bezahlt, um das Volk mustern zu dürfen. Ohne diesen Anerkennungs- und Autorisierungspreis würde die Musterung unheilvolle Folgen nach sich ziehen (Ex 30.12). Denn eine ohne JHWHs Zustimmung durchgeführte Volkszählung wäre wie gesagt eine Usurpation eines JHWH zustehenden Rechtes. Die Entrichtung einer Gebühr ist entsprechenderweise die Anerkennung dieses Rechtes JHWHs und die Bitte um die Uebertragung dieser Vollmacht auf Israel !

Diese Gebühr heisst Sühnepreis (כפר, Ex 30.12,16). Ein Sühnepreis ist das Geld, das man bezahlt, um der strengsten Strafe und insbesondere der Todesstrafe zu entrinnen (25). Hier bezahlt man diesen Preis nicht, nachdem man etwas Todeswürdiges begangen und infolgedessen die Todesstrafe verdient hat, sondern man bezahlt ihn vielmehr, bevor man etwas Unheilvolles tut, das zum Tod führen könnte. Der Sühnepreis ist hier nicht heilend nach eingetretener Wunde, sondern vorbeugend, um ein künftiges Schlagen der Wunde zu vermeiden. Es ist kein therapeutischer, sondern ein prophylaktischer Sühnepreis.

Wer einen Preis zum voraus bezahlt, um etwas zu tun, was ohne solche Vorauszahlung mit Strafe belegt würde, der kauft sich mit andern Worten die Ermächtigung zu seinem Tun. Er erwirbt das Recht, etwas zu tun, wozu er zuerst keine Vollmacht hatte. Der Preis, den er voraus erlegt, hat den Zweck, ihm ein Recht einzubringen, an dem ihm der Inhaber dieses Rechtes gleichsam einen Anteil verkauft. Die Bezahlung der Gebühr durch den Käufer ist die Anerkennung seiner eigenen Nicht-Zuständigkeit und die Bitte um Uebertragung dieser ihm an sich nicht zustehenden Vollmacht, während die Annahme dieses Preises durch den Inhaber der Vollmacht bedeutet, dass er sie dem Zahlenden überträgt und ihm an diesem Recht Anteil gibt.

Diese Bezahlung der Teilhabe an einer Vollmacht heisst wohl deshalb Sühnepreis, weil eine nackte Usurpation des Rechtes Sanktionen nach sich ziehen würde, während eine vorher durch eine Bezahlung erworbene Vollmacht solche Sanktionen gegenstandslos macht. Wie bei der Sühne nach einer straffälligen Tat ersetzt man somit auch hier die normalerweise folgenden harten Sanktionen, insbesondere die der Todesstrafe, indem man an deren Stelle einen Preis entrichtet. Nur geschieht dies wie gesagt bei der gewöhnlichen Sühne nach vollbrachter Tat, während es hier vor der zu vollbringenden Tat geschieht, wie ja auch die gewöhnliche Sühne nach einer bösen Tat geleistet wird, während die hier vorliegende Sühne vor einer an sich wertfreien oder sogar guten, aber unerlaubten Tat zu leisten ist.

Aus alledem folgt, dass David nicht durch die Anordnung einer Volkszählung an sich, sondern durch die unerlaubte Zählung gefehlt hat. Es wäre wohl auch für ihn möglich gewesen, durch eine "Sühne", d.h. durch die vorherige Bezahlung eines Preises, von JHWH die Vollmacht zu erwerben, die es ihm erlaubt hätte, sein Volk ungefährdet zu zählen, statt dieses JHWH zustehende Recht einfach an sich zu reissen (26).

Zwar weist der Einwand Joabs nicht unmittelbar auf diese Unerlaubtheit der Musterung hin (V. 3) (27). Joab versucht dem König die Musterung als solche auszureden. Denn Joab sieht die Gefährlichkeit des Unterfangens für das Volk. So hätte auch der König selber diese Gefahr sehen und sich zuerst um ein Mittel kümmern müssen, diese Gefahr zu bannen, bevor er den Befehl zur Musterung gab. Die Schuld des Königs war es, Joabs Warnung vor der realen Unheilsgefahr, die mit der Zählung gegeben war, in den Wind zu schlagen, und nichts zu unternehmen, was diese Gefahr behoben hätte. David hatte es in einem Wort unterlassen, zuvor eine "Sühne" vor der durchzuführenden Musterung zu bezahlen, um sie hierauf, mit JHWHs Vollmacht ausgerüstet, anzuordnen.

Auf Joabs Einwand wäre demzufolge die richtige Antwort gewesen : Ja, du hast recht, es ist gefährlich, das Volk zu mustern. Entweder verzichte ich auf die Musterung, oder aber ich muss, bevor wir damit beginnen, die Gefahr bannen, indem ich JHWH um die Ermächtigung zur Zählung bitte. Stattdessen tat der König weder das eine noch das andere, sondern ging unter Missachtung der echten Gefahr und der begründeten Warnung Joabs das Risiko einer unerlaubten Zählung mit all ihren Israel schwer bedrohenden möglichen Auswirkungen ein.

Die Aufreizung des Königs David durch JHWH (V. 1)

Der König hatte also sowohl durch Uneinsichtigkeit als auch durch ein Versäumnis gesündigt : Joabs mit gutem Grund geäusserte Bedenken hatte er in den Wind geschlagen und auf seinem Vorhaben beharrt, ohne jedoch Vorkehrungen zu treffen, um das aus einer solchen Volkszählung entstehende Unheil abzuwenden, obgleich es dazu nur der Bevollmächtigung durch JHWH bedurft hätte. Dieses uneinsichtige Versäumnis Davids führt der Erzähler auf JHWH selbst zurück, indem er sagt, JHWH habe David gegen Israel angestiftet oder aufgereizt (V. 1). Den Grund zu diesem seltsamen Aufreizen, zu dem sich JHWH entschloss, nennt die Geschichte ebenfalls in knappster Prägnanz : JHWH entbrannte in neuem Zorn gegen Israel (oder : JHWH fuhr fort, Israel zu zürnen) (V. 1). Der frühere Zorn JHWHs gegen Israel war in 2 Sam 21.1-14, einer der Erzählung von 2 Sam 24 formal entsprechenden und inhaltlich ähnlichen Geschichte (28), dargestellt worden.

Die Leser sollen offenbar verstehen : die Folge dieses neuen Zürnens auf seiten JHWHs war seine Anstiftung Davids zum Unheil der Volkszählung ! JHWH wollte über Israel zur Strafe ein Unglück bringen und bediente sich dabei, als eines Mittels, der unerlaubten, usurpierten Volkszählung des Königs.

Diese Folge aus JHWHs Grollen kann man nach zwei Seiten hin zu verstehen suchen. Man kann in ihr einen Akt göttlicher Willkür sehen, die sich nicht an die Schranken von Gut und Böse gebunden fühlt. JHWH braucht in seiner Gereiztheit eine Schuld, die es ihm ermöglicht, gegen Israel strafend vorzugehen. Daher verführt er kurzerhand den König zu einem gravierenden Fehltritt der Insubordination, um sich so die willkommene Gelegenheit für eine Herrscherbestrafung (29) zu schaffen, durch die er auf einen Streich zwei Schuldige treffen kann, den König und das Volk, auf das er es besonders abgesehen hat. JHWH würde in dieser Sicht der Dinge den agent provocateur spielen, dem alle Mittel, auch die bösen, recht sind, um sein Opfer in die Falle der Schuldverstrickung zu locken, um es dann mit einem Anschein von Recht bestrafen zu können (30).

Die Frage ist wohl nicht unberechtigt, ob es zu irgendeiner Zeit im

alten Israel je ein solches Bild JHWHs gegeben hat ! Man kann die göttliche Aufreizung des Königs zur Musterung des Volkes jedoch auch im
Lichte von 1 Sam 26.19 verstehen, einer Stelle, die mit der in 2 Sam
24.1 vorliegenden terminologisch und inhaltlich verwandt ist. David sagt
an dieser Stelle zu König Saul, der ihn verfolgt, um ihn umzubringen :
> Wenn es JHWH ist, der dich gegen mich angestiftet (oder aufge-
> reizt) hat (הסית בך wie in 2 Sam 24.1 !), so möge er sich am Duft
> einer Gabe laben; wenn es hingegen Menschen sind, so seien sie
> vor JHWH mit Fluch belegt ! (31)

Sauls Feindschaft gegen David kann dieser Alternative Davids zufolge
nur zwei Ursachen haben. Entweder ist es JHWH, oder es sind Menschen. David setzt dabei voraus, dass Saul von sich aus nie zu seinem
persönlichen Feind geworden wäre; es müssen Fremde Zwietracht gesät
und Sauls gutes Einvernehmen mit David zerstört haben. Trifft die erste
Möglichkeit zu, kann man leicht Abhilfe schaffen. Opfergaben (מנחה)
glätten JHWHs Groll, denn — so ist die Voraussetzung — JHWH ist versöhnlich. Sind es hingegen Menschen, so legt David einen Fluch auf sie,
denn der Fluch ist die Waffe eines Betroffenen gegen unbekannt, wie
besonders deutlich Ri 17.2 zeigt.

Für unseren Zusammenhang ist die erste der beiden Möglichkeiten
die entscheidende. Wenn JHWH X gegen Y aufreizt (הסית בך), liegt
für X ein Mittel bereit, nämlich die Darbringung einer מנחה ! David
betrachtet es als selbstverständlich, dass Saul mit einer solchen Anstiftung
durch JHWH rechnen kann, wenn sich Saul keiner Ratgeber und Einflüsse
bewusst ist, die seiner früheren Freundschaft mit David entgegengearbeitet
hatten, bis sie zerstört war. Denn der Stimmungsumschwung Sauls von
Gunst und Sympathie für David zu Hass und Widerwillen gegen ihn ist
eine so unübersehbare Veränderung im Leben Sauls, dass sie eine ausserhalb Sauls liegende Ursache haben muss, und diese kann nur JHWH sein,
wenn anders keine Menschen namhaft gemacht werden können, die die
Verantwortung dafür tragen ! So lädt David seinen früheren Gönner und
Freund Saul für diesen Fall ein, die Versöhnung durch das Mittel der
Besänftigung JHWHs wenigstens nicht unversucht zu lassen.

David hätte in 2 Sam 24.1, wie oben gesagt, ebenfalls erkennen
müssen, dass in seinem Plan, das Volk zu zählen, eine Gefahr lag, *die er
durch eine Bitte um Gottes Versöhnlichkeit aber bannen konnte,* genauso

wie Saul Gott um die Bannung seiner Feindschaft gegen David anflehen konnte. Das Mittel einer solchen Bitte um JHWHs Versöhnlichkeit war das Opfer (מנחה), an deren Wohlgeruch sich JHWH erlabt, wie David selbst zu Saul gesagt hatte (1 Sam 26.19) ! Vor der Musterung, deren verhängnisvolle Folgen Joab dem König eindringlich in Erinnerung gerufen hatte (V. 3), wäre es Aufgabe und Pflicht des Königs gewesen, das dem Volke drohende Unheil zu sehen und es von ihm fernzuhalten, indem er entweder den Plan der Zählung aufgegeben oder aber im Vertrauen auf JHWHs Versöhnlichkeit durch eine Gabe (מנחה) die Erlaubnis zur Volkszählung erwirkt hätte. Diese Unterlassung war sein Fehltritt.

JHWH reizt somit David gegen Israel auf, wie er nach David möglicherweise auch Saul gegen ihn aufgereizt hatte (1 Sam 26.19). Aber da JHWH versöhnlich ist, ist es ein Leichtes, seine Gereiztheit zu besänftigen. Er hat ja selbst das Mittel gegeben, durch das er sich sogleich begütigen lässt.

Die Wahl der Volkszählung als Instrument der Aufstachelung Davids gegen Israel im Plane JHWHs (V. 1)

Es leuchtet jetzt ein, aus welchem Grund JHWH den König gerade zu einer Volkszählung und nicht zu einer andern Tat aufforderte, als er ihn gegen Israel aufbringen wollte. Die Volkszählung hat zwei Seiten : als usurpiertes Recht erzürnt sie JHWH, den Inhaber dieser Kompetenz, und bringt daher Verhängnis über den König und das Volk, die ihre Hand nach diesem Recht ausstrecken; aber als gewährtes Recht ist sie durchaus möglich und in Ordnung. Eine solche Zählung kann zum Einfallstor eines Verhängnisses werden, sie braucht es nicht. Das Zünglein an der Waage, das den Ausschlag für das Sinken der einen oder anderen Waagschale gibt, ist JHWHs Erlaubnis zur Musterung des Volkes. Verschmäht es der König, sie einzuholen, senkt sich das Verhängnis auf ihn und sein Volk herab; empfängt er sie, kraft einer Gabe, die das JHWH allein zustehende Recht auf Zählung des Volkes anerkennt, so bleibt alles im Gleichgewicht und im Frieden !

Die Tat, zu der JHWH den König aufreizt, um ihn zum Unglücksbringer für ganz Israel zu machen, ist durch einen einzigen vorausgehenden

Akt neutralisierbar ! Es genügt ein einziger Schritt von seiten des Königs, um das Verhängnis zu zerstreuen. Für das Unheil der Volkszählung ist der Impfstoff bekannt und liegt bereit : es genügt, ihn zu gebrauchen, um Land und Volk dagegen zu immunisieren.

Die leichte Behebbarkeit des drohenden Verhängnisses ist der Grund, weshalb JHWH gerade diese Verlockung der Volkszählung vor den König legte. Die Zählung ist ja nicht wie ein Mord oder ein Unrecht eine in sich böse Tat, für die eine Ermächtigung von seiten JHWHs völlig undenkbar ist. Die Musterung ist nur als unbevollmächtigte Tat böse; sobald sie autorisiert ist, ist sie in Ordnung. Den Beweis dafür erbringen die oben genannten Stellen Ex 30.11-16; 38.25f.; Num 1 und 26.

Die Aufreizung zur Zählung ist somit die mildeste denkbare Form einer Verlockung zur Sünde, und zwar nach zwei Seiten. Erstens ist der Akt der Zählung selbst keine Sünde, sondern bloss ein der Erlaubnis bedürftiger Akt (ähnlich wie eine öffentliche Demonstration nicht gegen das Gesetz ist, das das Demonstrationsrecht ja ausdrücklich vorsieht und schützt, aber dennoch polizeilicher Genehmigung bedarf !), und zweitens ist es ein Leichtes, diese Ermächtigung zu erhalten, weil JHWH versöhnlich ist, wie 1 Sam 26.19 klar erkennen lässt !

JHWH hat nach alledem David gegen Israel so aufgestachelt, dass dieser den Stachel sogleich hätte sehen und herausziehen können, sodass die von ihm durchgeführte Zählung niemandem in Israel ein Häärchen hätte zu krümmen brauchen.

JHWHs Zorn über Israel und die verpasste Chance des Königs (V. 1)

Gesetzt jedoch den Fall, dass König David der Aufstachelung durch JHWH das Gift entzogen hätte, indem er entweder auf die Zählung verzichtet oder sich von JHWH zu ihr hätte ermächtigen lassen, was wäre geschehen ? Israel wäre der Friede von seiten JHWHs zuteil geworden ! Denn JHWHs Versuch, Israel durch seinen König zu bestrafen, hätte ja auf diese Weise fehlgeschlagen. David hatte es somit in den Händen, seinem Volk den Frieden mit Gott zu verschaffen, sowie damals Saul durch ein Opfer den Frieden mit Gott und infolgedessen auch mit David hätte schaffen können (1 Sam 26.19). David hätte die Aufstachelung zu eigener Sünde in eine Gelegenheit zur Versöhnung zwischen JHWH und Israel umwandeln können ! Die Aufstachelung zur Sünde war gleichzeitig eine Chance für den Frieden gewesen !

Die Erzählung setzt solchermassen mit der verpassten Chance des Königs David ein, wie sie mit der am Ende schliesslich doch noch wahrgenommenen Chance des Königs schliesst, zwischen JHWH und dem Volke Israel den Frieden zu vermitteln ! Am Anfang verkennt David die aussöhnende Rolle, die ihm als König zufällt, am Ende nimmt er sie wahr.

Wenn JHWH David gegen Israel aufbringt, so hat diese "Versuchung" wie Janus zwei Gesichter : JHWH verleitet einerseits den König zur Sünde mit verhängnisvollen Folgen für sein Volk, aber anderseits gibt er David die Möglichkeit und Chance, zwischen ihm, JHWH, und Israel versöhnend und Frieden stiftend zu vermitteln. Zwischen diesen beiden Seiten hatte der König zu wählen, und er wählte falsch.

Der Grund, weswegen David nach der Sünde und nach dem Verhängnis seines Volkes griff, statt sich für dessen Versöhnung mit JHWH zu entschliessen, ist nicht genannt. Er liegt wohl in des Königs Blendung durch die Macht, deren Umfang er kennen will. Die Musterung geschieht ja um der Heeresorganisation willen (32) : es ist der oberste Befehlshaber der Truppen, der mit der Durchführung der Zählung beauftragt wird (V. 2), und Zweck der Musterung ist es, die Zahl der das Schwert ziehenden Männer festzustellen, VV. 8, 15. Davids Interesse an der Feststellung seiner Macht überwiegt seine Sorge für sein Volk (siehe oben S. 5f. !). In seinem zweiten Schuldbekenntnis (V. 17) wird die Verantwortung Davids für das Volk alle anderen Rücksichten verdrängt haben.

Synthese

Nachdem die hauptsächlichen Komponenten der Erzählung nach Sinn und Funktion einzeln geprüft worden sind, ist die Zusammenschau der Teile in einem Gesamtbild möglich und notwendig geworden.

Der Spannungsbogen der Geschichte zerfällt in vier Segmente.

Erstes Segment : die Volkszählung (VV. 1-9)

Indem JHWH den König David gegen Israel zu einer Volkszählung auf-
stachelte, stellte er ihn in Wirklichkeit vor eine Alternative. Jede Versuchung zum Unrechten ist ja überhaupt eine Wahl zwischen Recht und
Unrecht. Der König konnte im Sinne der Aufstachelung, er konnte aber
auch gegen sie wählen. Hätte er, anders als es die Geschichte überliefert,
gegen die Aufreizung gewählt, so hätte er entweder negativ auf die
Musterung einfach verzichtet (nach Joabs Rat, V. 3), oder er hätte positiv zum Mittel gegriffen, das die Zählung legalisierte und damit der Versuchung die Spitze abgebrochen hätte.

Das Instrument der Aufstachelung JHWHs, die Zählung des Volkes,
lud zu dieser zweiten Möglichkeit förmlich ein. Denn die Zählung als
solche missfiel JHWH nicht, hatte er sie doch selbst schon veranlasst.
Nur bedurfte eine solche Musterung der Autorisierung durch JHWH.
Sie durfte nicht eigenmächtig über ihn hinweg durchgeführt werden.

Erwirkte David von JHWH diese Erlaubnis, das Volk Israel zählen
zu dürfen, so schmiedete er die gegen Israel gerichtete Initiative Gottes
in eine Versöhnung zwischen JHWH und Israel um ! Denn statt dass eine
solche Zählung zur Handhabe JHWHs werden konnte, gegen Volk und
König wegen eines Uebergriffs auf JHWHs Recht vorzugehen, wurde sie
zur Gelegenheit für den König, in einem liturgischen Dienst JHWH um
Gnade und Versöhnung zu bitten. Die so gewährte Erlaubnis JHWHs zur
Volkszählung war ja dann das Zeichen, dass JHWH Israel wohlwollte und
das Verderben von ihm ausschloss. David stand also vor der tatsächlichen
*Wahl zwischen der Missachtung von JHWHs Vorrecht und der Möglich-
keit, Israel mit JHWH zu versöhnen.* Als dem König war ihm die Wahl
der zweiten Möglichkeit unbedingte Pflicht : eine Pflicht, die er versäumte !

Für JHWH bedeutete diese Aufstachelung Davids gegen sein Volk
Israel in einem tieferen Sinn das Ueberwiegen der Versöhnlichkeit über
seinen Groll ! Denn diese Versuchung, die er vor David legte, war zwar
der Ausfluss seines Zorns und hatte als Zweck die Bestrafung Israels
durch das Mittel des schuldig werdenden Königs (33). Aber dieselbe
Aufreizung zum Schuldigwerden war gleichzeitig auch ein Angebot
JHWHs zur Versöhnung mit Israel, weil ja eine Volkszählung mit einer

ihr vorausgehenden Sühne einem Friedensabkommen zwischen Israel und Gott gleichkam, der auf alle Sanktionen gegen das Volk verzichtete. So war die Versuchung, in die JHWH den König führte, in Wirklichkeit auch eine Chance, bei Gelegenheit dieser Musterung JHWHs Zorn zu begütigen, indem der König die zur Zählung notwendige Sühneleistung erbracht hätte.

JHWH hatte also mit Bedacht die Aufreizung Davids gegen Israel in die Form einer Volkszählung gekleidet. Wurde diese Zählung gleichsam wild, d.h. ohne Bewilligung durch JHWH ausgeführt, so wurde sie zum Fallstrick und Unheil; wäre sie dagegen durch Sühne autorisiert vollzogen worden, hätte sie JHWH mit Israel versöhnen können.

Zweites Segment : Davids erste Reue und seine Wahl der Strafart (VV. 10-14)
König David sah die Torheit (34) seiner Wahl alsbald ein. Er bat JHWH um Vergebung. Es wurde ihm nicht Vergebung zugesprochen, wohl aber eine gewisse Straferleichterung dadurch, dass er unter drei ihm vorgeschlagenen Strafen wählen konnte.

Was ist der Sinn dieser aufrechterhaltenen, aber leicht gemilderten Strafe ? Die Antwort liegt wohl in der Wahl der Strafart, der er den Vorzug gibt (V. 14) : es ist eine der beiden für ihn glimpflichen, aber sein Volk umso härter treffenden Heimsuchungen ! Sein reuiges Bedauern gilt solchermassen seiner Person, für die er fürchtet, während ihn Leiden und Schicksal seines Volkes ungerührt lassen (35).

König David ist hier über die Situation von V. 1 noch nicht hinausgelangt : wie er es dort versäumt hatte, JHWHs Zorn gegen Israel zu besänftigen, so liegt ihm auch hier nichts daran, die Israel drohende Heimsuchung zu erleichtern, geschweige denn zu vermeiden.

Von JHWH aus gesehen bringt der Vorschlag von drei zur Wahl stehenden Strafarten zwei Vorteile : erstens ist die auf diese Weise gewährte Straferleichterung die Anerkennung von Davids erster Reue in V.10, und zweitens wird die Wahl, die David treffen wird, ein Test seiner Gesinnung sein. Der Test ist negativ. Denn König David bereut zwar, doch um seines eigenen Schadens willen, nicht um des Unglücks seines Volkes willen.

Drittes Segment : Reue JHWHs und zweite Reue Davids (VV. 15-17)
Dennoch willfahrt JHWH Davids Wahl. Aber schon am ersten Tag gewinnt JHWHs Versöhnlichkeit die Oberhand über seinen Groll, und er bricht aus Erbarmen mit dem schwer heimgesuchten Volk die Heimsuchung der Epidemie ab. Dieses Erbarmen JHWHs hat seinen Grund allein in dem Leiden des Volkes und in der Versöhnlichkeit und im Mitleiden JHWHs (36).

Gleichzeitig mit JHWH erfasst das Mitleid mit dem furchtbar getroffenen Volke auch den König. Auch er kann diesem Leid nicht mehr länger zuschauen. Er ist sich überdies wohl bewusst, die Ursache dieses Leidens zu sein, einmal weil er eine mögliche Versöhnung zwischen Israel und JHWH versäumt hatte (V. 1), und dann, weil er die das ganze Volk treffende Epidemie einer nur ihn persönlich schlagenden Strafe vorgezogen hatte (V. 14). Daher nimmt er aus Mitleid mit der Bevölkerung die Verantwortung ganz auf sich. Da er der allein Verantwortliche für die Schuld ist, bittet er JHWH, die Folgen der Schuld von Israel wegzunehmen und sie allein auf ihn und auf seine Familie zu laden (37).

Die erste Reue, die seinem eigenen Wohlbehalten auf Kosten seines Volkes galt, weicht einer zweiten Reue, die dem Wohlbehalten des Volkes gilt auf Kosten seiner eigenen Person und Familie. Er zieht seinen eigenen Untergang dem seines Volkes vor, weil sein Volk unschuldig, er aber schuldig ist. Verantwortung und Schicksal sollen nicht mehr so aufgeteilt sein, dass der König allein die Verantwortung, das Volk allein die verhängnisvollen Folgen trägt, sondern wer die Verantwortung hat, den sollen auch die Unheilsfolgen treffen : nämlich den König !

Viertes Segment : die Versöhnung zwischen JHWH und Israel durch die Vermittlung des Königs David (VV. 18-25)
Die Versöhnlichkeit JHWHs, die sich in seinem Erbarmen mit dem pestbedrohten Volke siegreich erwiesen hatte, stiftete nun einen Kult, der die Versöhnung mit Israel vor aller Augen Wirklichkeit werden liess.

Da der König durch seine zweite Reue zur Höhe seines Königtums empor-gewachsen war, das von ihm den Dienst am Volke verlangte, war er der geeignete Liturge, diesen Versöhnungsdienst zu übernehmen, durch wel-chen ihm selber und seinem Lande Vergebung gewährt wurde.

Diese Liturgie war das sakramentale Zeichen und die Realisierung auf der irdischen Ebene von dem, was im Herzen JHWHs schon beschlos-sene Sache war (38).

Gleichzeitig wurde dieser einmalige Gottesdienst der Versöhnung zum Gründungsakt eines immerwährenden versöhnenden Kultes, der die Versöhnung zwischen JHWH und Israel zu einer bleibenden, beständig gegebenen Möglichkeit machte. Diese Möglichkeit bildete von nun an die Würde und die Aufgabe des Jerusalemer Heiligtums, des Spätgekommenen unter Judas und Israels Heiligtümern (39).

Die erzählerische und theologische Absicht von 2 Sam 24

Wie lässt sich denn jetzt diese Erzählung inhaltlich abschliessend charakterisieren ?

Die Erzählung verbindet die Gründungslegende des Jerusalemer Heiligtums mit einer ausführlichen Geschichte, in deren Mittelpunkt JHWH und König David stehen.

JHWH erscheint als der versöhnliche Gott, der in drei Schritten sich des Königs David als eines Friedensmittlers zwischen sich selber und Is-rael bedienen will. Bei den ersten beiden Schritten versagt David, beim dritten antwortet er JHWH.

Erster Schritt war die Volkszählung, die zur Sühne und Versöhnung hätte Anlass bieten können, wenn David JHWHs Absicht erfasst hätte (VV. 1-9).

Zweiter Schritt war die Wahl der Strafart gewesen, wo David seine Verantwortung anerkennend, seinem Volke die Heimsuchung ersparen konnte, indem er die Strafe wählte, die ihn allein traf (VV. 10-14).

Dritter Schritt war das Mitleid mit dem leidenden Volk, das den König veränderte und zum Fürsprecher für sein Volk machte (V. 17).

Diese Fürbitte machte ihn geeignet, die versöhnende Liturgie zu vollziehen, die JHWH einsetzte, um mit Israel Frieden zu schliessen (VV. 18-25).

Es handelt sich um die Läuterung des Königs, der erst nach langer Zeit seine vermittelnde und versöhnende Aufgabe erkennt. Was ihn daran gehindert hatte, das war seine Gleichgültigkeit für das Schicksal seines Volkes; was ihn dazu schliesslich befähigte, das war sein Mitleid mit seinem schwer geprüften Volk. Die Erzählung ist ein Fürstenspiegel! Was den König zum König macht, das ist nicht seine Macht, sondern sein Mitleid mit seinem Volk. David wurde zum König, als er auf seine Königswürde verzichtete, um sein Volk vor dem Untergang zu retten; da war er viel mehr König, als da, wo er durch die Zählung des Volkes seine Macht feststellen liess, unbekümmert um das dadurch seinem Volke erwachsende Unheil.

JHWH suchte die Versöhnung mit Israel und wollte sich dabei des Königs als seines Instrumentes bedienen. Zuerst vergeblich, da dem König nicht viel an seinem Volke gelegen war; ihm war es vielmehr um Macht zu tun. Erst als dem König der Durchbruch zum Mitleid gelang und er Macht und eigene Rettung vergass, um sein Volk zu retten, da wurde er zum Vermittler des Friedens zwischen JHWH und Israel. Erst als Davids Mitleid aufgekeimt war, konnte er JHWHs Mitleid sehen und begreifen. Der König erfasste seinen ihm von JHWH zugedachten Auftrag in dem Augenblicke, da er wie JHWH vom Erbarmen angerührt wurde. Das Erbarmen machte ihn zum Instrumente Gottes, weil es ihn JHWH anglich, der mit Israel Mitleid empfand. Als mitleidender König war David berufen, dem vergangenen Unheil in einer Liturgie ein Ende zu setzen und für kommendes Unglück eine rettende Liturgie einzuweihen.

Der zu Mitleid fähige und die Versöhnungsliturgie in Jerusalem stiftende König als Abbild des versöhnlichen Gottes, das ist das Bild, das am Schlusse dieser Erzählung steht.

Auf eine Formel gebracht gestaltet die Erzählung die Wandlung eines Herrschers, der damit begann, sein Volk seiner Macht und seinem Vorteil zu opfern, und der mit der Bereitschaft schloss, sich selber dem Wohl seines Volkes zu opfern, weil ihn das Leiden, das er seinem Volk verursachte, zum Mitleid mit diesem brachte, und dieses Mitleid machte aus ihm einen anderen Menschen und König.

Anders gesagt : das Mitleid brachte den König zum richtigen Verständnis seiner Macht, und sobald er so das rechte Verhältnis zur Macht gefunden hatte, konnte er die versöhnende Liturgie für Israel feiern ! Der Gottesdienst war dem König erst möglich, nachdem er seine Macht in den Dienst an seinem Volk gestellt hatte. Der priesterliche Auftrag des Königs hat zu seiner notwendigen Voraussetzung die Unterordnung seiner königlichen Macht unter das Wohl seines Volkes, während umgekehrt die Preisgabe des Volkes an die zum Selbstzweck gewordene Macht den Gottesdienst des Königs unmöglich machen müsste.

Diese Wandlung des Königs aber war das Werk der Führung Gottes, der das Volk Israel durch seinen König David vor dem Verhängnis bewahren wollte.

Der Kalender der Erzählung

Es bleiben noch einige Beobachtungen zur Abrundung des Ganzen nachzutragen. Zuerst der zeitliche Rahmen !

An Zeitangaben lesen wir, dass das geschilderte Ereignis einem neuen oder fortgesetzten Zorn JHWHs entsprang (V. 1), womit auf einen ausserhalb der Erzählung liegenden chronologischen Fixpunkt zurückverwiesen wird, wohl auf 2 Sam 21.1-14. Hierauf berichtet V. 8, die Musterung habe 9 Monate und 20 Tage gebraucht. Dann wird der nächste Morgen genannt (V. 11), an dem sich David erhebt, und an dem er vor dem Propheten Gad die Strafart wählt. Die Heimsuchung beginnt auch am Morgen, wohl dieses selben Tages (V. 15) (40). An diesem selben Tag (V. 18) kommt Gad zu David, um ihm den Befehl zum Altarbau zu überbringen.

Dass mehrere präzise Zeitangaben fallen, ist also unübersehbar: "9 Monate und 20 Tage", zweimal "am Morgen", einmal "an demselben Tag". Besonders V. 11 "da erhob sich David bei Tagesanbruch" und V. 15 "von Tagesanbruch an" zusammen mit V. 18 "an dem gleichen Tag" fallen auf. Da anderseits nirgends eine Wendung "am andern Tag" oder ähnlich fällt, liegt die Deutung am nächsten, es habe sich das innerhalb der VV. 11-18 Geschehene vom Morgen bis am Abend ein und desselben Tages abgespielt! (41) Dies passt zur Interpretation von V. 15, nach welcher die Pestepidemie schon vor dem Ende des ersten Tages aufgehoben worden war, siehe oben S. 7.

Dies ergäbe einen Kalender von grosser Einfachheit:
1/ Zorn JHWHs, Befehl zur Musterung: vorher;
2/ Dauer der Musterung: 9 Monate, 20 Tage;
3/ Strafwahl durch David, Epidemie, Stop der Epidemie: 1 Tag;
4/ Bau des Altares, Sühneliturgie: nachher.

Die Gesamtdauer des Dramas betrüge, vom Vor- und Nachspiel abgesehen, 9 Monate und 21 Tage, d.h. 9 Monate und 3 Wochen! Der Tag der Heimsuchung und Begnadigung, der auch der Tag der Reue und Wandlung des Königs David war, war ein Sabbat, der letzte Tag einer Woche, nämlich der dritten Woche des 10. Monats. Ueberdies ist dieser Tag auch symmetrisch gestaltet: Gad kommt am Anfang des Tages (Morgen) und an seinem Ende (Abend) zu David: am Morgen das Gericht, am Abend die Versöhnung verkündend.

Das erste Geständnis Davids fand am Abend des 20. Tages im 10. Monat statt, als die Offiziere der Zählung zurückkehrten; sein zweites Geständnis wohl am Abend des 21. Tages dieses gleichen Monats. Was aber am Abend geschieht, gehört bereits zum folgenden Tag; so waren seine Bekenntnisse am Vorabend der Auftakt und die Eröffnung dessen, was am folgenden Tage dann geschah.

Die theologische Tragweite eines solchen Kalenders leuchtet ebenfalls leicht ein: obgleich die Verblendung des Königs monate- und tagelang währte, genügte ein nicht einmal ganzer Tag der Reue, um diese lange Betörung und Sünde auszuwischen. Wieder wiegt Gottes Versöhnlichkeit unvergleichlich viel schwerer als sein Zorn; die Proportion ist: 281 : 1 (9 Monate plus 20 Tage, den Monat zu 29 Tagen gerechnet)!

Die Ausdehnung von Davids Reich wird durch die an der Ost und Nordgrenze genannten Punkte sowie durch die Einbeziehung aller nicht-israelitischen Städte im Landesinnern angedeutet (VV. 5-7). Die präzisierende Wendung des V. 5 : "in Aroer, südlich der Stadt, die mitten im Wadi liegt" verfolgt wohl die Absicht klarzustellen, dass die südlich anschliessenden Gebiete Moabs ebenfalls in die Zählung einbezogen wurden, d.h. dass sie zu Davids Reich gehörten. Wahrscheinlicher aber ist, dass der massoretische Text hier verderbt ist (42). Gad liegt nach demselben V. 5 zwischen Aroer und Gilead, in einer Landschaft, die von den Ammonitern bewohnt war. Auch Ammon wurde demnach als Bestandteil von Davids Herrschaftsbereich behandelt. V. 6f. umreisst die Nordost-, die Nord- und die Nordwestgrenze des Königreiches. Die Nordostecke ist im massoretischen Text zur Unkenntlichkeit entstellt. Genannt war ursprünglich das Land der Hetiter, Kadesch (43), während die Nordgrenze durch Dan markiert werden muss, da ja die Zwillingsstadt im Süden, Beerscheba, genannt werden wird (V. 7, auch V. 15). Der Nordwestzipfel des Reiches bezieht Sidon mit Hinterland und die Feste Tyrus in Davids Hoheitsgebiet ein. Im Landesinnern werden die hetitischen und kanaanäischen Städte genau wie ihre israelitischen Schwesterstädte gezählt (V. 7). Sie unterliegen alle Davids Botmässigkeit : selbständig und unabhängig gebliebene nicht-israelitische Enklaven gibt es unter Davids Krone also offenbar keine mehr.

Davids Herrschaftsgebiet entspricht in etwa den Dimensionen, die 2 Sam 8 umreisst, aber Edom fehlt hier in 2 Sam 24, während dort die Verhältnisse im Norden und Nordwesten keine Erwähnung finden.

Nebenpersonen treten zwei auf : Gad, der Prophet des Königs David, und Arauna, der jebusitische Bauer. Gad wird, abgesehen von einer vereinzelten Ueberlieferung in 1 Sam 22.5, nur noch in den Paralipomenen (in der parallelen Erzählung in 1 Chr 21 sowie in 1 Chr 29.29 und 2 Chr 29.25) und in unserer Erzählung genannt. Man betrachtet ihn gelegentlich als blasse Imitation Natans, der bei der Sünde Davids in 2 Sam 11-12 JHWHs Gericht ankündigen musste (44).

Der Vergleich zwischen Natan und Gad hinkt jedoch insofern, als

Natan den unbussfertigen König mit seinem fingierten Rechtsfall erst überlisten und überführen muss. Die Funktion Natans ist die des Untersuchungsrichters, der den Angeklagten erst zum Schuldgeständnis bringen muss. Anders bei Gad ! Der König sieht seine Schuld bereits ein, als er zu ihm gesandt wird. Gads Rolle ist nur die der Vermittlung zwischen JHWH und dem König : zuerst, um ihm die Wahl unter den drei von JHWH schon in Aussicht genommenen und festgelegten Strafarten vorzutragen und JHWH Davids Antwort zu übermitteln, dann, um ihm den Auftrag der Versöhnungsliturgie kundzutun sowie den Standort dieser Liturgie. Der Unterschied zwischen Natan und Gad ist in einem Wort der folgende : Während Natan einmal gesandt wird, um Davids vertuschtes Verbrechen aufzudecken, ist Gad nie gesandt, um eine geheimgehaltene Schuld aufzudecken, sondern er wird zweimal gesandt, um David jedesmal eine Botschaft JHWHs zu übermitteln. Gad ist, um im Bilde zu bleiben, weder Staatsanwalt noch Untersuchungsrichter, er ist schlicht und einfach der Bote JHWHs. David, dessen "Seher" er ja ist (V. 11), bedient sich seiner als des Orakels, durch das er den Willen JHWHs erkunden kann. Gad ist in diesem Sinne ein Funktionär de Königs, ein berufliches "Medium", mit dessen Hilfe sich der König über JHWHs Willen orientiert.

Arauna ist Bauer und Grundeigentümer in Jerusalem. Er ist, wie schon bemerkt, kein Israelite. Die Tatsache, dass ihm der König die Dreschtenne abkauft (dazu siehe oben schon, S.13-15), setzt diesen König in einen Gegensatz zu Saul in 2 Sam 21.1f., der, anders als David, Autochthone (Gibeon) durch Gewalt und Unrecht aus Israel zu verdrängen getrachtet hatte. David leitet seine versöhnende Liturgie durch einen Akt des Rechtes gegenüber dem Fremden ein. Das verletzte Recht der Gibeoniten mit seinen so schweren Folgen (2 Sam 21.1-14) wird abgelöst durch die Achtung vor dem Recht des Jebusiters Arauna mit ihren für Israel bis in alle künftige Zeiten segensvollen Folgen. Sauls Eifersucht und Unduldsamkeit, wo es um die Vorteile seines Volkes ging, macht der Achtung Davids vor dem Recht des Fremden Platz : Auf solchem Boden ist der versöhnende Gottesdienst in Jerusalem gebaut !

Die Einheit der Erzählung

Die nun mit Haupt- und Nebenthemen ausgefaltete Interpretation von 2 Sam 24 ging nicht von der sprachlichen Detailanalyse, sondern von der Ausschau nach inhaltlicher, gedanklicher und thematischer Kohärenz aus. Die methodische Voraussetzung war dabei die, dass dort, wo ein bestimmtes Mass an gedanklicher und erzählerischer Geschlossenheit erreicht ist, legitimerweise die ursprüngliche Einheit des Textes angenommen werden darf. Denn es ist weniger wahrscheinlich, dass eine solche geschlossene Texteinheit, in der sich die Teile sinnvoll aufeinander beziehen, aus verschiedenen Elementen zusammengesetzt und über einen Zeitraum hinweg durch verschiedene Hände zu einer Einheit eingeschmolzen wurde, als dass sie vielmehr von Anfang an als Einheit gedacht und gestaltet worden ist. Die Vielfalt der Motive und Traditionen verschiedener Natur und Herkunft, die dabei das Erzählgefüge, das Stoffmuster des Erzählgewebes bilden, ist damit selbstverständlich nicht in Abrede gestellt, sondern vorausgesetzt.

Im Lichte der auf diesen Blättern skizzierten Deutung von 2 Sam 24 betrachtet scheint die Erzählung den Anspruch auf Einheitlichkeit erheben zu dürfen. Einwände gegen sie entstehen entweder aus ungenügender Einsicht in den Sinn des Ganzen und seiner Teile oder aus der Beobachtung sprachlicher und stilistischer Unebenheiten, die dem Text anhaften. Von den textkritischen Schwierigkeiten im eigentlichen Sinn ist hier abgesehen, da diese der Geschichte der Textüberlieferung anzulasten sind, nachdem also der Text seine feste, endgültige Gestalt gefunden hatte. Demzufolge rückt die Textkritik den nach der Textfixierung während der Textweitergabe eingedrungenen textlichen Verderbnissen zu Leibe (45).

Auf Gads Auftreten (VV. 11-14) fällt der Verdacht, es sei eine Kopie von Natans Eingreifen in 2 Sam 12, zumal da der Anfang von V. 11 "da erhob sich David am Morgen" mit der Erwähnung des Morgens in V. 15 unwillkürlich an einen Einschub mit dem catch-word "Morgen" denken lässt. Schliesslich ist auch das Satzgefüge der VV. 11-13 etwas schwerfällig. Ferner könnte die Gedankenfolge der VV. 16-17 seltsam unlogisch anmuten : wäre es nicht viel einfacher und daher wohl ursprünglicher, die Bitte des V. 17 vor die Erhörung des V. 16 zu stellen, sodass sich der sinnvolle Ablauf Bitte - Erhörung ergäbe ?

Es wurde indessen schon deutlich, dass Gads zweifaches Vorsprechen bei David am Anfang und am Ende des entscheidenden 21. Tages (siehe oben S. 30) diesen Tag einrahmt. Dementsprechend ist der Morgen dieses Tages in V. 11a nicht zufällig, sondern mit Bedacht an betonter Stelle erwähnt. V. 11a markiert solchermassen ausdrücklich den Anbruch dieses entscheidenden 21. Tages, an dessen Verlauf wir vom Morgen bis am Abend teilnehmen.

Ferner ist Gad keine simple Replik Natans. Seine Rolle ist eine andere (siehe oben S.31f.). Was den überraschenden Satzbau von V. 11 betrifft, so liegt eine genaue Parallele in Ex 12,30 vor : "da stand Pharao in jener Nacht auf, und alle seine Knechte und ganz Aegypten, und es entstand ein lautes Schreien in Aegypten, ...". Wie in 2 Sam 24.11 beginnt hier in Ex der V. ebenfalls mit Prädikat "da stand auf", Subjekt, Zeitangabe. (In Ex 12,30 folgen darauf zwei appositionell hinzugefügte weitere Subjekte.) Daran schliesst sich sowohl in 2 Sam 24 als auch in Ex 12 ein neuer Satz mit einem neuen Subjekt an ("das Wort JHWHs" in 2 Sam 24; "lautes Schreien" in Ex) : auf diesen fällt das Hauptgewicht. Mit der Angabe des Zeitpunktes ("am Morgen", "in derselben Nacht") und mit der ausdrücklichen Erwähnung des Aufstehens an beiden Stellen (Ex und 2 Sam), das die Bereitschaft für das Kommende bedeutet, weist dieser Auftakt-Satz über sich hinaus auf das, was sich in diese Bereitschaft hinein ereignen wird (JHWHs Botschaft an den schuldigen König, die Entdeckung der Leichen aller Erstgebornen in den Familien) (46).

Wird V. 17 vor V. 16 gestellt, so ist das eine pure Konjektur, weil man wähnt, V. 16 sei die Erhörung von Davids Bitte in V. 17 (47). Wer aber hat je gesagt, es handle sich in V. 16 um die Erhörung einer Bitte ? Es stehen andere Interpretationsmöglichkeiten des gegebenen Textes durchaus zur Verfügung, wie oben auf S. 8f.dargetan wurde: das grausige Sterben der Menge bewegt sowohl Gott als auch den König zu Mitleid, sodass sie sich beide in diesem ihrem gemeinsamen Erbarmen treffen. Gleichzeitig deckt sich damit Davids Wollen in diesem seinem Mitleid wieder mit JHWHs Willen, von dem er in seiner Volkszählung abgewichen war, sodass der König nunmehr mit seinem Gott übereinstimmt.

Andere Unstimmigkeiten ähnlicher Art erweisen sich gleicherweise als nur scheinbar. Wenn David zweimal seine Uebertretung eingesteht

(V. 10 und 17), so ist die einzig mögliche Erklärung dieser "Verdoppelung" keineswegs die Annahme, das erste Eingeständnis (V. 10b) sei der Erzählung erst nachträglich eingepfropft worden (48). Oekonomie und Absicht der Erzählung verlangen gerade diese Differenz von zwei Bekenntnissen und dieses Fortschreiten Davids vom ersten zum zweiten Geständnis (siehe oben S. 6).

Die Tatsache, dass die Epidemie vor dem Altarbau und den Opfern des Königs zum Erliegen kommt, braucht V. 16 durchaus nicht zum sekundären Einschub zu stempeln (49). Der Auftrag JHWHs zur Errichtung eines Altares und Darbringung von Opfern verkörpert nämlich sichtbar das Erbarmen JHWHs, dergestalt dass der verzeihende liturgische Kult, den Gott David zu feiern gewährt, zum Zeichen und Pfand der göttlichen Gnade und Vergebung wird. Weil JHWH Erbarmen hat, gibt er den Kult als das Mittel, Vergebung zu erlangen (siehe dazu oben S. 9-12).

Zum geistigen Ort und zur zeitlichen Einordnung der Erzählung 2 Sam 24

Die Kirchenväter vergleichen den David des V. 17 gelegentlich mit Mose, dem Fürbitter von Ex 32.30-35 (50). David und Mose gemeinsam ist tatsächlich ihre Fürbitte für das Volk Israel; wie verschieden dagegen sind die Fürbitter selbst : Mose der Gerechte, David der Schuldige ! Beiden Texten, 2 Sam 24 und Ex 32, sind noch zwei weitere Umstände gemeinsam : erstens sind die Personen des Dramas an beiden Stellen drei, JHWH, Israel und der Repräsentant Israels, nämlich Mose und König David; zweitens gehen beide Texte von der Situation des schuldigen Volkes Israel aus, und in dieser Situation hängt das Schicksal des Volkes von Mose und David ab, wenn auch in genau umgekehrter Weise !

In Ex 32.30-35 zieht der Gerechte, Mose, die Schuldigen mit sich, sodass sie vor völligem Untergang bewahrt bleiben (51). Umgekehrt hier : der schuldige König zieht das (seinerseits freilich schuldig gewordene) Volk in das Verderben (2 Sam 24.14). Die beiden Erzählungen stellen zwei entgegengesetzte Modelle dar : in Ex verdrängt die Gerechtigkeit des einen die Schuld und Strafe der vielen, während in 2 Sam 24.14f. die Schuld des einen, des Königs, Unheil über die vielen bringt. Moses Gerechtigkeit ist ein Schild, hinter dem die Schuldigen vor den bösen

Konsequenzen ihrer Tat Schutz finden, Davids Fehltritt ist eine Kernexplosion, von der die tödlichen Strahlen auf die ganze Bevölkerung ausgehen.

Dieses Unheil seines Volkes bringt den König zur Besinnung, d.h. zum Mitleid mit dem über Israel hereingebrochenen Leid (siehe oben S. 5f.). Von solchem Mitleid bewegt bittet er um Schonung für sein Volk (V. 17).

Während Mose JHWH gebeten hatte, für den Fall der Verurteilung Israels zum Untergang ihm ebenfalls das Leben zu nehmen, bat David JHWH, die Strafe für seine Verfehlung ihm allein anzulasten. Moses Bitte ging von der Unmöglichkeit aus, zwischen ihm, Mose, und seinem Volke zu trennen : JHWH konnte Mose entweder tot mit dem toten Volk oder lebendig mit dem lebendigen Volke haben, er konnte ihn auf keinen Fall anders als das Volk Israel behandeln. Umgekehrt bei Davids Bitte : diese will die Verbindung zwischen König und Volk gerade auflösen, während Moses Bitte sie herzustellen trachtet ! David will das Unheil dem Volk nehmen, um es auf seine Schultern zu laden, denn er ist der Schuldige ! Mose will das Unheil ebenfalls vom Volke nehmen, damit nicht er, Mose, in Israels Mitte, daran mittragen muss, denn er ist unschuldig an der Sünde Israels !

Mit einem Wort : der gerechte und der schuldige Repräsentant Israels sind mit dem Volke verbunden; beide, Mose und David, haben eine fürbittende Möglichkeit, Israel zu helfen. Der Gerechte, Mose, verbindet sich so unauflöslich mit Israel, dass JHWH Israel um des Gerechten willen verzeiht; der Schuldige, David, trennt sich von Israel, damit die Konsequenz der Schuld nur ihn allein trifft.

Die geistige Verwandtschaft zwischen diesen beiden Texten ist wohl unleugbar. Das Denken beider kreist um die Waage, die sich der eine und die vielen halten : hier der eine Gerechte, dessen Gerechtigkeit die Schuld der vielen aufwiegt (Ex 32), dort der eine Schuldige, dessen schweres Vergehen die vielen Schuldlosen (52) mit seinem Gewicht in den Untergang hinabzieht (2 Sam 24). Gerechtigkeit und Schuld in einer gegebenen Gesellschaft, Israel, werden in quantitativer Art zueinander ins Verhältnis gesetzt, und dieses Verhältnis wird einem Grenzfall zugetrieben, dessen

Proportion 1 : X ist, wobei X ein haushohes Vielfaches von 1 darstellt. Auf diese Weise springt das Paradox in die Augen, dass das Gewicht von Schuld oder Gerechtigkeit umgekehrt proportional zur Zahl der Gerechten oder Schuldigen stehen kann : ein Gerechter wiegt mit seiner Gerechtigkeit eine grosse Zahl von Schuldigen auf (Ex 32), wie ein Schuldiger mit dem Gewicht seiner Verfehlung eine grosse Zahl von Schuldlosen aufwiegen kann (2 Sam 24).

Dieses quantitative Modell zur Veranschaulichung des schweren Gewichtes, das die Gerechtigkeit oder Schuld eines einzigen (oder einiger weniger) für eine ganze Gesellschaft haben kann, erscheint in einer Handvoll Texten im Alten Testament : Gen 18.16-32; Jes 52.13-53; Ez 14.12-20 sowie in den beiden unter Diskussion stehenden Stellen Ex 32.30-35 und 2 Sam 24 (53).

Ihnen gemeinsam sind die folgenden vier Charakteristika, wie sich jetzt zusammenfassend sagen lässt :
1/ Der Gegensatz Gerechtigkeit-Schuld ist absolut, schwarz-weiss. Zwischenstufen teilweiser Gerechtigkeit und teilweiser Schuld werden nicht ins Auge gefasst. Dieser absolute Gegensatz verleiht diesen Texten ihren Modellcharakter.
2/ Zwischen dem einen, bzw. den wenigen und der grossen Masse der vielen besteht ein extremes Verhältnis (in 2 Sam 24 z.B. steht noch vor Ablauf des ersten Tages der eine David 70'000 Heimgesuchten gegenüber).
3/ Der eine ragt als besondere Gestalt aus den vielen heraus (Mose, König David, der Knecht JHWHs, die unbefleckten Gerechten unter lauter schweren Sündern), während die vielen aus einer anonymen Menge bestehen.
4/ Das Verhältnis von Qualität (Gerechtigkeit oder Schuld beim einen) ist umgekehrt proportional zur Quantität (Rettung oder Untergang der vielen).

Die Besonderheit von 2 Sam 24 im Vergleich mit Gen 18, Ex 32, Jes 53 und Ez 14 liegt darin, dass der eine (David) schuldig ist und die vielen durch seine Schuld gefährdet, während in den andern Abschnitten der eine gerecht ist und die vielen durch seine Gerechtigkeit vor Strafe und Untergang bewahrt. Ferner macht David im Laufe der Erzählung eine

Wandlung durch, während die genannten Texte dieses Thema der Umkehr oder Abkehr nicht verwenden.

Ein solches ethisches Modell, das die Auswirkung von Gut und Böse einzelner auf die Gesamtgesellschaft mit Hilfe solcher quantitativer Verhältnisse durchsichtig und verständlich macht, setzt ein ebenso entwickeltes wie präzises theologisches Denken voraus (54). Gewiss sind es alte Vorstellungen, die diesen theologischen Paradigmen als Material und Vorwurf dienen : die Auswirkung von Gerechtigkeit und Schuld des einen auf die ganze Gemeinschaft, in deren Schoss er lebt, und die für eine Gesellschaft segenbringende oder verhängnisvolle Macht von Königen und Fürbittern oder Propheten. Aber diese Anschauungen haben nicht mehr ihre in der alten Zeit allgemein anerkannte, noch nicht Reflexion gewordene Geltung, sondern sie werden hier fast wie Axiome behandelt, aus denen man so etwas wie theologische Konklusionen entwickelt : nämlich dass das Gewicht der Gerechtigkeit grösser ist als das des Bösen, und dass, wo das nicht mehr der Fall ist wie in Ez 14, gerade daraus deutlich werden soll, welchen verruchten Grad an Bosheit Israels Schuld erklommen hat, da selbst das ganze Gewicht von Gerechten die Schuld nicht mehr aufzuwiegen vermag (55).

2 Sam 24 kann also wohl in die Nachbarschaft dieser genannten Texte gerückt werden, und da die Parallelerzählung der Paralipomenen (1 Chr 21) den terminus ad quem für die Datierung darstellt, liegt es nahe, nicht zu weit in die nachexilische Zeit vorzudringen. Nichts hindert uns, für 2 Sam 24 eine zeitliche Nachbarschaft mit Ez 14 und Jes 53 anzunehmen, da sich diese Texte als inhaltlich verwandt erweisen. Hat es 2 Sam 24 mit der Wiedererrichtung des Altares nach dem Exil zu tun (Esr 3.3) (56) ?

Es scheint mir auch, dass diese zeitliche Ansetzung der jetzigen Gestalt der Erzählung folgende Punkte erklären würde : 1. dass die der Epidemie zum Opfer fallenden Israeliten selber schuldig waren, obgleich die Pest zugleich auch Strafe für Davids Fehltritt war, denn so verifiziert sich auch für diesen Verfasser, dass der Richter der ganzen Welt Recht übt und den Gerechten nicht an Stelle des Gottlosen oder mit ihm vernichtet (Gen 18.25); 2. dass sich die Vorstellungen der Priesterschrift über die Volkszählung (Ex 30.11-16) mit denen berühren, die in dieser Erzählung vorkommen (siehe oben 16-18); 3. dass die Beschreibung des Territoriums von der Südostgrenze des davidischen Reiches (Edom) schweigt, dafür aber die Nordgrenze weit über die geschichtliche davidische Reichsgrenze bis nach Kadesch am Orontes hinauf vorschiebt, denn das passt möglicherweise besser in Zeiten, wo die internationale Politik sich im Norden und Nordosten Israels entschied. Selbstverständlich sind die hier genannten Gesichtspunkte Vermutungen, mehr nicht (57).

Aelteste Interpretationen

Anhangsweise soll eine Reiseskizze in das Gebiet der Auslegungsgeschichte von 2 Sam 24 folgen. Eine Skizze, keine vollständige Beschreibung! Wir stehen vor dem glücklichen Fall einer besonders alten und reichen exegetischen Tradition, die mit der Parallelerzählung aus den Paralipomenen (1 Chr 21) aus dem 4. Jahrh. v. Chr. beginnt (58), sich in den Septuaginta und mit Flavius Josephus, Antiquitates Iudaicae VII, 318-334 fortsetzt und in die patristische und jüdische Auslegung einmündet.

Zuerst zur Nacherzählung in 1 Chr 21 ! Das Rückgrat der Erzählung ist auch hier die Wandlung des Königs vom rücksichtslosen Herrscher zum Vater seines Volkes in vier Schritten : Sünde der Volkszählung (V. 1-7), erstes Bekenntnis und Wahl unter drei Strafen (V. 8-14), Reue JHWHs und Reue Davids (V. 15-17), Versöhnung JHWHs mit Israel durch die neugestiftete Liturgie in Jerusalem (V. 18-22.1). Somit ist die Struktur der vier Segmente von 2 Sam 24 und die Aussageabsicht der Erzählung bewahrt.

Aber im einzelnen konturiert der Nacherzähler die Umrisse der Ereignisse gelegentlich anders. Vom Aeusseren her fällt die Preisgabe des zeitlichen Rahmens von 2 Sam 24 auf (9 Monate und 20 Tage für die Zählung, der schicksalsschwere 21. Tag vom Morgen bis am Abend für die Pest und die Reue JHWHs, siehe oben S. 29). Die geographische Beschreibung der Zählung wird vereinfacht und leicht modifiziert (VV. 4,6) (siehe oben S. 31) (59).

Im ersten Segment (V. 1-7) fallen drei Aenderungen ins Gewicht : die Anstiftung Davids durch Satan (V. 1) und die betonte Gefährdung Israels durch seinen Zensus (V. 3 Ende) sowie der fehlende Zorn JHWHs gegen Israel.

Die erste der drei genannten Aenderungen ist berühmt (60). Wie ist sie zu verstehen ? Gewöhnlich führt man sie auf das veränderte Gottesbild des Chronisten zurück, für den die Vorstellung eines zur Sünde aufstachelnden Gottes unmöglich geworden sei (61). Der chronistische Erzähler stand vor der Aussage in 2 Sam 24.1 : "da reizte er (nämlich JHWH) David gegen sie auf (sc. Israel) indem er sagte : Geh, mustere Israel und Juda !" JHWH erteilte hier selbst den klaren Befehl zur Zählung, wie er es in Num 1.1f.; 26.1f. Mose und Eleasar befohlen hatte, an Stellen, die der Chronist kannte (63). Wie kann eine von JHWH selbst angeordnete Zählung einmal in Ordnung (Num 1; 26) und einmal böse sein (2 Sam 24) ? Das ist das Problem eines Lesers von 2 Sam 24, der Numeri kennt.

Ein solcher Leser war der Chronist. Er löst das Problem folgendermassen : Die Zählung erweist sich als Sünde Davids und Verhängnis für Israel. Sie kann also nicht von Gott angeordnet worden sein (64). Schon der Wortlaut von 2 Sam 24.1 hatte dieser Interpretation den Weg bereitet : Man kann als Subjekt von הסית "missleiten, verleiten" den Zorn JHWHs verstehen. Dieser Zorn, nicht JHWH selber hat David verleitet. Ferner bedeutet das Verb הסית "verleiten", nicht "anordnen, befehlen". Wenn nun nicht JHWH hinter Davids Idee der Volkszählung als Initiator stehen kann, so muss es ein Feind Davids, ein Satan gewesen sein (65), und zwar ein Feind Israels, der dessen König David als Instrument für das Verderben Israels benützt.

Wie hatte demgegenüber der Verfasser von 2 Sam 24.1 seine Aussage verstanden ? Wie oben deutlich wurde (S. 16), war die Zählung Israels ein Hoheitsrecht JHWHs, das JHWH aber manchmal auf Menschen übertrug. JHWH verleitete David insofern, als er ihm den Wunsch eingab, Israel zu zählen, ohne ihm das Hoheitsrecht zum Zensus zu übertragen ! Ohne solche Ermächtigung aber blieb die Musterung der waffenfähigen Männer ein Uebergriff auf JHWHs Hoheitsrecht. Der Erzähler setzt voraus, dass David angesichts seines Verlangens, die Bevölkerungszahlen zu kennen,

40

die Ermächtigung zur Musterung von JHWH empfangen hätte, wenn er ihn darum ersucht hätte. Denn JHWH lässt sich leicht erbitten, wie die verwandte Stelle in 1 Sam 26.19 zeigt (siehe oben, S.19). Die Schuld Davids bestand somit in seiner eigenmächtigen Zählung und in der Verkennung von JHWHs Bereitwilligkeit, ihm eine solche Zählung zu erlauben. Die Verleitung JHWHs ihrerseits bestand in seiner Aufforderung (66) an David, Israels Zahl zu erfassen, ohne ihn automatisch dazu zu autorisieren; dies tat JHWH, weil er, wie ebenfalls klar wurde (oben S.22f.), dadurch dem König — zugleich mit der Verführung ! — auch eine Chance bot, als Blitzableiter den Zorn JHWHs von Israel zu entfernen. In der Tat, hätte David als Gottes Vasall das Hoheitsrecht seines Oberherrn anerkannt, indem er entweder um die Vollmacht zum Zensus nachgesucht oder — nach Joabs Rat, V. 3 — auf die Zählung verzichtet hätte, so hätte er JHWH gleichsam das Mittel aus der Hand genommen, Israel strafend heimzusuchen. Der König hatte freilich diese Chance der Versöhnung zwischen JHWH und Israel verpasst, die ihm durch JHWHs "Verleitung" zur Volkszählung geboten worden war.

Die beiden Fassungen, 2 Sam 24.1 und 1 Chr 21.1, haben somit das folgende gemein : Davids eigenmächtige Volkszählung ist eine Sünde des Königs und ein Verhängnis für Israel. Der Unterschied zwischen den beiden Verfassern liegt in folgendem : nach 2 Sam 24 ist JHWHs Aufforderung zur Volkszählung nicht nur eine Versuchung; in Wirklichkeit war sie gleichzeitig auch eine Chance für den König zugunsten Israels. In 1 Chr 21 ist dagegen die Aufforderung zur Zählung nichts als eine Verführung. In 2 Sam 24 ist die Aufforderung zur Zählung zweideutig : sie kann (wie das dann tatsächliche der Fall war) zum Instrument der Strafe gegen Israel werden im Falle der Eigenmächtigkeit des Königs; sie konnte aber auch zum Instrument der Versöhnung zwischen JHWH und Israel werden im Falle der Anerkennung von JHWHs Hoheitsrecht durch den König. In 1 Chr 21 ist die Aufforderung zur Zählung eindeutig eine Verführung zum Bösen.

Mit einem Wort : der Chronist übernahm aus 2 Sam 24 die Verleitung des Königs David zur Volkszählung *ohne den verborgenen positiven Aspekt der gebotenen Chance eine Versöhnung zwischen JHWH und Israel* unter Vermittlung des Königs. Für 1 Chr 21 war die Verführung nur Verführung zum Bösen. Für 2 Sam 24 dagegen war sozusagen in der

Krankheit der Verführung zugleich das Serum mitenthalten, das das Verhängnis durch Segen, die Strafe durch Versöhnung ersetzen konnte. Wegen dieses heilvollen Aspektes an der Verführung konnte in 2 Sam 24 Gott ihr Urheber sein. Wegen der ausschliesslich verhängnisvollen Natur der Verführung in 1 Chr 21 konnte nur ein Feind und Widersacher, nicht aber Gott der Verführer sein. In 1 Chr 21 war die Verführung nur Gift, in 2 Sam 24 konnte sie Gift oder heilende Medizin sein.

So erklärt sich auch, warum der Chronist den Zorn JHWHs gegen Israel aus der Erzählung fallen lässt. Die Verleitung Davids zur Volkszählung konnte, da sie eine böse Verführung war, kein Mittel sein, dessen sich JHWH in seinem Zorn gegen Israel bedient hätte. Der Chronist bewahrte aber die Funktion der Verleitung Davids als eines Instrumentes und Mittels im Dienste einer gegen Israel gerichteten Absicht. Nur entsprang diese Absicht nicht mehr dem Zorn JHWHs, sondern der Feindschaft eines Satans gegen Israel (67).

Der Unterschied zwischen 2 Sam 24.1 und 1 Chr 21.1 beruht nach alledem nicht auf einem andern Bilde Gottes, sondern auf einem andern Bild der Volkszählung ! Weil diese in 2 Sam 24 ambivalent ist, d.h. durch den König zum Guten wie zum Bösen bewendet werden kann, kann Gott sie vor den König zugleich als Versuchung und als Versöhnungschance legen. Weil die Zählung dagegen in 1 Chr 21 nur unheilvoll ist, kann der Chronist sie nicht auf JHWH zurückführen, sondern muss sie einem Feind Israels zuschreiben. Bei beiden jedoch, in 2 Sam 24 und 1 Chr 21, ist die Verführung Davids zum Zensus ein Schachzug in der scheinbaren (2 Sam) oder wirklichen (1 Chr) Absicht, dadurch Israel zu treffen.

Die Erzählung in 2 Sam 24 erscheint so subtiler. Der Schlüssel zu ihrem Verständnis ist die Doppelnatur der Verführung Davids durch JHWH, der den König in Wirklichkeit vor einen Scheideweg stellt : wird er das von JHWHs Zorn gegen Israel ausersehene Mittel, nämlich das aus eigenmächtiger Volkszählung entstehende Unheil, abbiegen und in ein Instrument der Versöhnung JHWHs mit Israel verwandeln, indem er von JHWH die Erlaubnis zur Zählung erbittet und erlangt und damit das Unheil von Israel bannt ? Das ist die Spannung der Erzählung. Der König hält die Wendung in Händen, die er der ihm suggerierten Zählung geben will, ob sie zum Guten oder zum Bösen ausschlägt.

Demgegenüber ist die Darstellung der Chronik einfacher : ein Widersacher plant einen Anschlag auf Israel und benützt als Werkzeug zu diesem Zweck den König, den er zu einem Entschluss verleitet, der Israel zum Verhängnis werden wird. Die Spannung der Erzählung liegt in der Frage : wird David dem Versucher erliegen oder widerstehen ?

In 2 Sam 24.1ff. ist es die Schuld des Königs, dass er von der Macht geblendet die ihm von Gott gebotene Chance einer Ableitung des Blitzes nicht wahrnimmt (68), während in 1 Chr 21.1ff. der König dem Versucher nachgibt und dadurch schuldig wird. In 2 Sam 24 besteht das Versagen des Herrschers in seiner Blindheit und Verblendung durch Macht, in 1 Chr 21 in seiner Schwäche der Verführung Satans gegenüber, der ihn mit der Verlockung der Macht fängt.

Eine weitere Folge des Unterschiedes zwischen 2 Sam 24 und 1 Chr 21 ist die von der Unschuld des Volkes klar getrennte Schuld des Königs beim Chronisten : David allein ist schuldig, während in 2 Sam 24 David durch die Volkszählung zwar schuldig wird, das Volk Israel selber aber auch seinerseits durch ein nicht genanntes Vergehen JHWHs Zorn verdient hatte. So stehen sich in 1 Chr 21 der eine Schuldige und die vielen Schuldlosen gegenüber, während in 2 Sam 24 der König und das Volk beide auf ihre Weise eine Schuld tragen (siehe oben S.36 mit Anm. 52).

Der Chronist modifiziert den ersten Teil der Erzählung (V. 1-6) noch in einer winzigen Einzelheit : Am Ende von V. 3 hebt er die Gefährdung hervor, in die Davids Zählungsbeschluss Israel stürzt. Die Rücksichtslosigkeit des Königs seinem Volk gegenüber ist damit unterstrichen.

Das zweite Segment der Erzählung, nämlich Davids erstes Bekenntnis und seine Wahl unter den drei Strafen (V. 7-13) lässt das Bestreben nach Logik und Glättung (69) der manchmal harten Vorlage von 2 Sam 24.10-14 erkennen. Sogleich auf die Zählung folgen Gottes Missbilligung und Strafe (V. 7), und diese löst Davids erste Reue aus (V. 8).

Daraus ergeben sich zwei symmetrische, von 2 Sam 24.10-14 verschiedene Strukturen der Erzählung :
1/ Erster Schlag Gottes (V. 7) — erste Reue Davids (V. 8); zweiter Schlag Gottes (V. 14) — zweite Reue Davids (V. 17).

2/ Vergehen Davids unter schweigendem Zusehen JHWHs, der ja in dieser Sektion nur einmal in Joabs Bedenken (V. 3) Erwähnung findet (V. 1-6); Missbilligung und aktives, ahndendes Heraustreten JHWHs aus seinem Schweigen (V. 7ff.).

Es treten weitere Aenderungen des Chronisten in dieser Sektion auf, die aber als literarische Retouchen nicht weiter besprochen zu werden brauchen. Vielleicht ist der Verzicht des Chronisten auf den Unterschied Plural — Singular : "wir wollen fallen — ich will nicht fallen" in 2 Sam 24.14 nur stilistisch und glättend. Jedenfalls sah er in diesem Gegensatz keine Bedeutungsnuance von Gewicht, anders als es uns oben (S. 1f.) scheinen wollte : ich, der König allein, will nicht in die Hände von Feinden fallen, während wir, mein Volk und ich, der König, uns der Barmherzigkeit Gottes anheimgeben wollen. Die Wahl, die David trifft, ist dieselbe wie in 2 Sam 24 (siehe oben S.1f.).

Das dritte Segment der Erzählung (V. 14-17) ist länger als das entsprechende in 2 Sam 24.15-17. Neben dem logischeren Erzählungsverlauf (70) und der Preisgabe des zeitlichen Rahmens von 2 Sam 24 hat die chronistische Darstellung die Gestalt des Engels und die Busse und Reue Davids hervorgehoben (71). Die Achse des ganzen Geschehens ist damit kräftig markiert : die Reue JHWHs entspringt der Furchtbarkeit des Verderberengels, der in Jerusalem am Werk ist, und Davids Bekenntnis und Bitte in Wort und Zeichen (Bussgewänder und Aufgebot der Aeltesten, die den König umgeben, V. 16) erklärt sich gleichfalls aus seiner in Jerusalem im selben Zeitpunkt erfolgenden Schau des drohenden Würgengels. Während die entscheidende Wende in 2 Sam 24 knapp ausgesprochen wird, ist sie hier zu einer gewaltigen Szene ausgestaltet, die zur selben Zeit im selben Raum zwischen Himmel und Erde über der Stadt Jerusalem spielt : JHWH im Himmel, David auf Erden, zwischen Himmel und Erde der furchtbare Engel mit dem über Jerusalem gezogenen Schwert. In der Samuelerzählung gipfelt der Gang der Ereignisse in der Umkehr JHWHs und in der Umkehr Davids (V. 16f.), und diese spielen sich im Inneren Gottes und im Innern Davids ab. Die chronistische Erzählung führt ebenfalls zum Höhepunkt des Wandels JHWHs (V. 15) und Davids (V. 16f.), aber diese inneren Ereignisse stehen unter dem schweren Schatten des Engels, der in seiner Furchtbarkeit die Aufmerksamkeit des Erzählers und Lesers auf sich zieht. (In V. 15f. werden über ihn allein sieben Aussagen gemacht : er wird gesandt; während er verdirbt; JHWH sagt zu ihm; er steht bei der Tenne Ornans; David wird seiner ansichtig; er steht zwischen Himmel und Erde; in seiner Hand hält er ein gezücktes, ausgestrecktes Schwert.)

Der Akzent verschiebt sich, so können wir interpretieren, von der grossen Barmherzigkeit JHWHs und von der ihr entsprechenden Reue Davids in 2 Sam 24 zur Grösse und Furchtbarkeit der Katastrophe, welche JHWHs Barmherzigkeit und Davids Reue von Jerusalem abwenden. Bezeichnend ist auch, dass der Chronist die in 2 Sam 24.15 gegebene Begrenzung der Pestdauer auf den ersten Tag nicht übernimmt, die in 2 Sam 24 die Grösse von Gottes Erbarmen bezeugte, auf das David seine Hoffnung gesetzt hatte (V. 14). In 1 Chr 21.15 ist sachlich die Pest natürlich auch zeitlich abgekürzt, denn wir dürfen uns ja nicht vorstellen, der Engel sei erst nach Ablauf der drei Tage Pest nach Jerusalem gesandt worden. Er wurde vielmehr innerhalb der drei Tage, wohl gegen deren Ende, nach Jerusalem geschickt. Doch erwähnt der Chronist im Unterschied zu 2 Sam 24.15 diese zeitliche Akürzung der Epidemie nicht, er setzt sie bloss voraus.

Im vierten Segment (V. 18-21.1) entspricht die Hauptaussage 2 Sam 24.18-25 : die Liturgie besiegelt JHWHs Vergebung, und die Stiftung des Altars schafft aus dieser einmaligen Versöhnungsliturgie eine beständige unversiegliche Möglichkeit der Versöhnung. Doch hat der Chronist die Einzelheiten vielfältig abgewandelt.

Die logischen Verknüpfungen werden sichtbar gemacht (72). Vor allem aber erscheint Davids Liturgie und Altarbau in besonderem Licht : JHWH nimmt das Opfer wunderbar an wie in Lev 9.24 (die ersten Opfer Israels nach der Offenbarung der Tora am Sinai !), oder wie das Opfer Elias (1 Kö 18,37f.). Den Altar und das zu ihm gehörige Haus hat JHWH selbst dem König bezeichnet, wie er das Heiligtum in Bethel (Gen 28.22) Jakob entdeckt hatte (73). Die Erzählung erklärt ferner, warum David das Unheil der Epidemie nicht in Gibeon, wo die Wohnung Gottes und der Opferaltar aus der Zeit Moses standen, von seinem Volke abwendete (V. 28-30). Die Ersetzung des Heiligtums Moses in Gibeon durch das zukünftige in Jerusalem wird so auf Gottes Initiative zurückgeführt (74). In 1 Chr 22.1 fällt überdies das Wort "Haus JHWHs, des Gottes", das die Aufmerksamkeit nicht nur auf den Altar (von dem in 2 Sam 24 ausschliesslich die Rede ist), sondern auch auf die Wohnung Gottes richtet.

Zusammengefasst bedeutet dies, dass der Chronist die Kontinuität zwischen dem alten Heiligtum der Wüstenzeit (Wohnung und Altar) und dem neuen in Jerusalem hervorhebt. Sünde und Reue Davids sowie die Reue JHWHs sind damit als ein Moment in den weiten Zusammenhang der Geschichte des israelitischen Heiligtums von den Ursprüngen zur Gegenwart hineingenommen. Der Akzent verschiebt sich von einer persönlichen Geschichte (Irrtum und Wandlung des Herrschers) zur Geschichte einer Institution (Ersetzung eines Heiligtums durch ein anderes).

Die chronistische Erzählung ist nach folgendem viergliedrigem Aufbau gestaltet :
V. 1-6 Verführung und Sünde des Königs.
V. 7-14 Erster Schlag Gottes, erste Reue Davids, erste Strafmilderung Gottes.
V. 15-17 Zweiter Schlag Gottes, Erbarmen Gottes und Aufhebung der Strafe und gleichzeitig zweite Reue Davids.
V. 18-22.1 Vergebung auf Grund der von Gott als Versöhnungszeichen gestifteten Liturgie, Bezeichnung des künftigen Heiligtums, das das alte der Wüstenzeit ablöst.

Diese Erzählung steht unter dem Schatten von zwei nicht-menschlichen und nicht-göttlichen Protagonisten : im 1. Teil ein Satan, in Teil 2-4 der Engel, der würgt und dann versöhnt (V. 18). Mit JHWH und David als den Hauptfiguren entsteht somit ein Kreuz : oben JHWH, unten David, zwischen ihnen das Gegenüber von Satan und Engel; die Bewegung der Erzählung führt David von Satan weg hin zu JHWH, von der nicht bestandenen Versuchung zur Stiftung des Heiligtums und der Versöhnung.

Die Septuaginta von 2 Sam 24 (75) haben die hebräische, im MT vorliegende Geschichte in drei Hauptpunkten (76) verändert : in V. 13f. unterstreichen sie das Moment des Wählens (das Verbum $\dot{\epsilon}\kappa\lambda\dot{\epsilon}\gamma o\mu\alpha\iota$ fällt zweimal ohne Aequivalent im MT; David wählt ausdrücklich eine der drei Strafen, nämlich die Epidemie); sie verdeutlichen die zeitlich-geographische Abfolge und Einordnung der Epidemie, indem sie über den MT hinaus klarstellen, dass die Epidemie zuerst im Volke begann, bevor sie Jerusalem erreichte (V. 15 καὶ ἤρξατο ἡ θραῦσις ἐν τῷ λαῷ), und dass es zur Zeit der Weizenernte war (ebd.); sie unterstreichen in einem Vorgriff die Identität des von Salomo später errichteten Altares mit dem Altare, den David auf Gads Geheiss hin errichtet hatte (V. 25).

Die erste Modifikation schafft zwar die schon oben (77) erwähnte Schwierigkeit, dass sie nicht einsichtig macht, warum nur die Epidemie, nicht aber die Hungersnot ein Fallen in die Hand Gottes ist, sodass man mit allerlei Interpretationen erklären muss, weshalb die Hungersnot wie die Verfolgung durch Feinde ein Fallen in die Hand von Menschen ist. Dafür aber sagt sie klar und deutlich in der Logik von V. 12, dass David gewählt habe, was in der hebräischen Fassung von 2 Sam 24.13f. auf den ersten Blick zu fehlen scheint. In Wirklichkeit hatte diese Fassung jedoch die Wahl Davids als eine negative und positive Entscheidung zugleich dargestellt : der König wies negativ die Verfolgung durch Feinde zurück, überliess aber positiv die Wahl zwischen Hunger und Pest JHWH (siehe oben S. 1-4).

Die zweite Aenderung wirkt ebenfalls als Verdeutlichung und Erklärung, weshalb Arauna auf der Tenne steht.

Die Ergänzung in V. 25 geschieht aus dem Bestreben heraus, die Identität von Salomos und Davids Altar ausdrücklich zu bekräftigen (78).

Die Septuaginta haben sich offensichtlich um Klarheit und Logik in der Erzählung bemüht. Sie haben aber mit ihrer im Unterschied zur hebräischen Fassung eindeutig festgelegten Wahl Davids unter den drei möglichen Sanktionen das harte Bild Davids gemildert, das der hebräische Text mit schonungslosem Stift entwirft : von der Rücksichtslosigkeit des Herrschers seinem Volke gegenüber (V. 1-3) führt die Erzählung auf eine erste Stufe empor : zu Davids erstem Bedauern (V. 10), das aber noch so selbstbezogen ist, dass ihm eine Strafe, die sein Volk trifft, lieber ist als eine, die er in eigener Person tragen müsste (V. 14, siehe S. 3-6). Von da steigt die Entwicklung zu einer zweiten Stufe auf, zur Stufe der zweiten Reue (V. 17), in der David, nunmehr selbstlos geworden, eine ihn persönlich belastende Strafe von JHWH erbittet, um seinem Volke unverdiente Bestrafung zu ersparen.

Was das Verständnis der ersten Stufe anlangt (V. 10-14), so verdient der umgekehrte Wortlaut der Bekenntnisse in V. 10 und 17 (sowohl im MT als auch in LXX) Beachtung : Im ersten bittet David, JHWH möge Schuld und Strafe von ihm entfernen (vorbeigehen lassen) (V. 10), im zweiten dagegen, JHWH möge Schuld und Strafe ihm allein aufbürden (V. 17) ! Auf der ersten Stufe anerkennt David seine Schuld und empfindet Mitleid mit sich selbst unter gleichzeitiger Schonungslosigkeit für Israel. Auf der zweiten Stufe jedoch anerkennt er zwar ebenfalls seine Schuld, aber empfindet Mitleid mit seinem Volke unter gleichzeitiger Schonungslosigkeit für sich selbst. Der Schritt von der ersten zur zweiten Stufe ist ein Umsturz der Werte. Die Wandlung des Herrschers von Mitleid mit sich selbst auf Kosten seines Volkes zu Mitleid mit dem Volk auf Kosten seiner eigenen Person ist nach alledem der Uebergang von der ersten Reue (V. 10-14) zur zweiten (V. 17). Auf der Stufe der ersten Reue steht David vor einer Alternative; er hat zu wählen zwischen der ersten Möglichkeit des Fallens in Gottes Hand (Hunger oder Pest) und der zweiten Möglichkeit des Fallens in die Hand von Menschen (Verfolgung durch Feinde). In der hebräischen Fassung bleibt es bei dieser Wahl allein.

Die griechische Fassung hängt nun aber an diese Alternative eine zweite Entscheidung des Königs, nämlich seine Wahl zwischen Hunger und Seuche innerhalb der von Gott, nicht vom Menschen gesandten Ahndung. Diese zweite Alternative ist nicht wie die erste durch V. 14 vorbereitet : da Gottes Erbarmen gross und die Grausamkeit der Menschen furchtbar ist, ist es besser, sich Gott auszuliefern als den Menschen. Sie wird wohl nach dem Gesichtspunkt der Kürze entschieden : lieber drei Tage Epidemie als drei Jahre Hunger. Die kurze Strafe ist schonender für das Volk als die lange. Innerhalb der beiden göttlichen Strafen wählt David also die mildere.

Davids Gedankengang wäre solchermassen der folgende : 1. lieber eine Strafe des Volkes als eine der eigenen Person; 2. unter den für das Volk möglichen Strafen lieber eine milde als eine harte. Oder sprichwörtlich : das Hemd ist näher als der Rock, aber wenn möglich sollte der Rock trotzdem nicht zu arg zerrissen werden ! Trotz aller Selbstsucht ist David auch jetzt nicht ohne Herz für sein Land und Volk. Die Septuaginta mildern das harte Bild des Königs, das der hebräische Erzähler von ihm auf der Stufe von 2 Sam 24.10-14 zeichnet. Dadurch verliert der

Gegensatz zwischen dem ersten und zweiten Bekenntnis Davids (V. 10, 17) seine Schroffheit. Es findet kein totaler Umschwung mehr statt. Denn das im zweiten Bekenntnis siegende Mitleid des Königs mit seinem Volk ist im Schosse seines ersten Bekenntnisses und seiner Wahl der Epidemie embryonal schon vorgebildet.

Flavius Josephus erzählt die Episode in den Antiquitates (VII, 318-334), wobei er sich der beiden Fassungen des Samuelbuches und der Chronik bedient. Er entlastet David, hebt seine Grossmut hervor und unterstreicht die mysteriöse Furchtbarkeit der Epidemie. Er sorgt auch für einen verständlichen, logischen Ablauf des Geschehens (79).

Davids Fehltritt bestand lediglich in der Unterlassung der vom Gesetz geforderten Steuer eines halben Schekels vor der Zählung (VII, 318) (80). Diese Unterlassung war ein blosses Vergessen. David wird sich seiner Schuld bewusst, weil Propheten ihn über den Zorn Gottes in Kenntnis setzen (VII, 321). Die zweite der drei Strafen ist bei Josephus nicht die persönliche Flucht des Königs vor ihn verfolgenden Feinden, sondern die den König nicht unmittelbar treffende Niederlage seiner Armee in einem Krieg. Diese Umdeutung einer Strafe, die allein die Person des Königs betrifft, in einen gegen Volk und Staat gerichteten Schlag spannt den Bogen zur Erklärung der Wahl Davids : vor Hungersnot und Niederlage können sich die Spitzen des Staates schützen, weil für sie immer Vorräte und Rückzugsmöglichkeiten bereitstehen, während die gewöhnliche Bevölkerung die Folgen von Niederlage und Nahrungsengpässen am eigenen Leibe zu spüren bekommt. Gerade eine solche Strafe aber habe David verschmäht, weil er selbst die Verantwortung für seine Tat habe tragen wollen. Die Wahl Davids versteht Josephus somit im Lichte von 2 Sam 24.17. Zwischen erstem und zweitem Bekenntnis besteht in der Gesinnung des Königs kein Unterschied (81).

Die hochgesinnte Art des Königs steht solchermassen in Kontrast zu der Winzigkeit seiner Sünde, die ja eine blosse Unterlassung durch Vergessen ist. Davids Sünde wird so zur Gelegenheit, eine Herrschertugend zu bewähren, die er in hervorragendem Masse besitzt : seine selbstlose Grossmut gegenüber dem ihm anvertrauten Volk. Er will ja ausdrücklich eine Strafe, die auch ihn trifft, und weil er von ihr verschont bleibt, während das Volk ihr erliegt (VII, 324-327), insistiert er bei Gott mit seiner

Bitte. Die zweite Bitte Davids ist eine Instanz, eine Wiederholung seiner Wahl ! Der Weg von seiner Wahl der Pest bis zur zweiten Bitte ist eine besonders eindrückliche Demonstration von Davids Grossmut.

Flavius Josephus hat dergestalt im Vergleich zur biblischen Darstellung der Sünde Davids das Gewicht genommen und der Hochherzigkeit des Königs ein Denkmal gesetzt. Für Josephus erzählt die Geschichte nicht die Wandlung eines rücksichtslosen Tyrannen, der sein Volk preisgibt, zu einem Fürsten, der seine Verantwortung anerkennt und seine Person und sein Haus dem Wohl seines Volkes opfert. Für ihn ist es die Geschichte eines Königs, der eine Pflicht vergisst und daher unerfüllt lässt, der aber, sobald er sich der schlimmen Folgen für Land und Leute bewusst wird, bereit ist, alle Verantwortung zu tragen und seinem Land alles Unheil zu ersparen. Es ist nicht die Geschichte der Umkehr eines Mächtigen, sondern die Geschichte einer geringfügigen Schuld des Mächtigen, die für ihn zum Anlass wird, seine Grossmut und Verantwortung pathetisch unter Beweis zu stellen (82).

Die Erzählung von 2 Sam 24 in rabbanitischer und karäischer Interpretation

Unsere Interpretation der Geschichte von 2 Sam 24 würde um eine unentbehrliche Dimension gebracht, wenn sie der Begegnung mit der klassischen Exegese der Karäer und Rabbaniten auswiche. Einige ihrer hervorragendsten Vertreter werden daher zum Abschluss hier dargestellt; ihnen gebührt das Schlusswort zu der vorgelegten Untersuchung über 2 Sam 24.

Es wird niemanden überraschen, dass Rabbaniten und Karäer grosse Mühe auf den Ausgleich der Unterschiede zwischen 2 Sam 24 und 1 Chr 21 verwenden. Diese Seite ihrer Arbeit soll hier nicht eigens gewürdigt werden. Die Aufmerksamkeit dieser abschliessenden Uebersicht über ein Kapitel der Auslegungsgeschichte gilt vielmehr ganz der Deutung der für das Gesamtverständnis der Erzählung entscheidenden Achsen in den Versen 1, 10, 11-14, 15, 18 und 25.

Die Frage, warum JHWHs Zorn von neuem gegen Israel auflodere, beantwortet Raschi in seiner präzisen Art mit einem non liquet : er weiss den Grund für das neuerliche Aufflackern von JHWHs Zorn nicht. Jeschaja von Trani und Ralbag äussern sich nicht zu dieser Frage (83), während Radaq zwischen einem Nicht-Wissen wie Raschi und drei Erklärungsmöglichkeiten schwankt : es könnte Israels Parteiname für Absalom gegen David gewesen sein oder eine verborgene Schuld in Israel, oder die Schuld an den Gibeoniten (2 Sam 21) könnte JHWH immer noch weiter erzürnen. Am wahrscheinlichsten erscheint ihm eine verborgene Schuld in Israel, denn Gott zürnt nie grundlos. Jephet Ben Eli (84) nennt als Ursache des neuen Zorns JHWHs Israels Ueberlaufen zum Empörer Absalom gegen König David, während der frühere Zorn wegen Sauls Verbrechen an Gibeon (2 Sam 21) aufgeflammt war. Josef Kara führt zuerst die "Weisen" aus dem Midrasch Pesiqta Rabbati an, denen zufolge JHWH wegen der Ermordung des Helden Urija über David in Zorn geriet (85). Kara beeilt sich jedoch hinzuzufügen, die Heilige Schrift, wörtlich genommen, wolle sagen, JHWHs Zorn sei in 2 Sam 24.1 ein zweites Mal aufgelodert, nachdem er zuvor schon in 1 Sam 21 wegen des den Gibeonitern geschehenen Unrechtes ein erstes Mal geglüht habe. Die Veranlassung zu diesem zweiten Mal habe Davids Befehl der Volkszählung gegeben.

Abravanel (86) verwirft diese sämtlichen Deutungen in einem eigenen Traktat, den er der Frage widmet, warum JHWH Israel nach V. 1a gezürnt habe. Für ihn ist es Israels Unterstützung der von Scheba Ben Bichri angezettelten Revolte gegen König David (2 Sam 20.1f.), die JHWH erzürnt hat, während der erste Zorn JHWHs über Israels Parteinahme für Absalom und über Sauls Unrecht an Gibeon entbrannt war.

Ramban (87) äussert die Vermutung, die Israeliten hätten sich für den Tempelbau interessieren müssen, und es sei ihre Gleichgültigkeit dieser Aufgabe gebenüber gewesen, die JHWHs Zorn hervorgerufen habe.

Bei aller Verschiedenheit der Interpretationen von V. 1a wird deutlich, dass alle Ausleger, selbst Raschi, übereinstimmend mit einer Schuld Israels rechnen, die freilich, da sie in der Schrift nicht beim Namen genannt ist, von den Exegeten verschieden identifiziert wird.

Wie ist es aber zu verstehen, dass nach V. 1b JHWH selbst David zur Zählung des Volkes verleitet hat ? Eine alte Interpretation ist von R. Eleasar (um 270 in Palästina) in BBerachot 62b überliefert : David hatte in 1 Sam 26.19 die Stirn, JHWH der Aufreizung zu zeihen, daher reizte ihn Gott tatsächlich auf, um ihn zur Strafe dafür straucheln zu lassen, und zwar über eine Sache, die jedes Kind vermieden hätte. Gott bediente sich dabei Satans (nach der Parallele in 1 Chr 21.1), der David zu einer Zählung verleitete, bei der der König es unterlassen sollte, den von Ex 30.12 geforderten Kofär-Preis zu bezahlen (2 Sam 24.1b).

Zweierlei ist an dieser Exegese bedeutsam : erstens besteht Davids Straucheln und Sünde in der Unterlassung der Kofär-Steuer wie bei Flavius Josephus (siehe oben S. 49), und zweitens hätte David diese Versuchung ohne die geringste Schwierigkeit vermeiden können, da das Mittel dazu schon jedem Schulkind geläufig war. Wir finden solchermassen zwei Säulen unserer oben skizzierten Interpretation bereits in dieser alten Erklärung R. Eleasars, nämlich die leichte Ueberwindbarkeit der Verleitung zur Sünde, die David rätselhafterweise nicht begriff, obgleich sie jedem Kind in die Augen sprang (vgl. oben S. 20-23), als auch die Erklärung der Sünde als Nichtanerkennung der Kofär-Pflicht, d.h. als Missachtung eines Gebotes und Hoheitsrechtes Gottes (vgl. oben S.16-18). Wichtig ist ferner an dieser Exegese die Verbindung von 1 Sam 26.19 mit 2 Sam 24.1 sowie die instrumentale Rolle, die Satan im Dienste der Verleitung Gottes spielt.

Diese Ansicht R. Eleasars teilt der Karäer Jephet Ben Eli, für den das Subjekt des Verbs ויסת, "und er verleitete" in V. 1b nicht genannt ist und daher ergänzt werden muss : es ist der Satan, wie aus 1 Chr 21.1 hervorgeht und druch Davids Schuldbekenntnis von V. 17 bewiesen wird, da der König dort für eine von ihm begangene Schuld vor Gott die Verantwortung übernimmt. Es kann also nicht Gott selbst gewesen sein, der David zu dieser Sünde veranlasst hat. Ebenso meint Josef Kara, die Heilige Schrift rede hier in abkürzender Weise von der Verleitung durch Satan.

Auch Ralbag schlägt ein zu ergänzendes Subjekt vor, nämlich (לבו), "sein Herz", sodass man verstehen muss "da verleitete (sein Herz) den David", wie man in 2 Sam 13.39 in analoger Weise die Wendung ותכל stillschweigend mit (נפש) ergänzen muss : "da hörte Davis (Gemüt) auf...". Wenn man indessen an JHWH als Subjekt von ויסת, "er verleitete ihn" festhalten will, so kann man nach Ralbag die Ursächlichkeit Gottes als seine überlegene Vorsehung verstehen, die auch das Böse und das vom Menschen anders Geplante in ihre alles umgreifende und alles überwindende Absicht einbezieht, sowie es Gen 24.51 und 45.8 ausdrücklich aussprechen. Oder Gott war Ursache in der Weise, dass er die Sünde Davids zuliess, indem er den Gedanken an sie aus Davids Sinn nicht entfernte.

Radaq hebt die Beziehung zwischen V. 1a und 1b hervor : weil Gott über Israel zürnte, reizte er David zur Volkszählung auf. Aber diese Verleitung war nicht eine direkte Inspiration Gottes; Gott gab es David in den Sinn, sein Volk zu zählen, ohne dass sich David des göttlichen Ursprungs seines Einfalls bewusst war.

Abravanel erklärt die Verleitung Davids aus der Logik der Schuld Israels : die Israeliten hatten sich mit Scheba Ben Bichri gegen ihren König David empört und ihm so Unrecht getan. Daher war es gerecht von Seiten Gottes, David als Instrument für die Strafe der Israeliten zu benützen. Dazu konnte David aber nur durch eine Verleitung gebracht werden (88). Diese Anstiftung Davids zur Sünde steht Abravanel zufolge ganz im Dienst der Bestrafung Israels.

So stellt sich nun die weitere Frage, worin denn David gesündigt habe. Was war der Fehltritt, den er in V. 10 und 17 in seinem Schuldbekenntnis gestand ? R. Eleasar hatte diese Sünde als Nichtbezahlung des Kofär-Preises erklärt, den Ex 30.12 verlangt. Dies ist auch eine der beiden Erklärungen Radaqs, der aber eine zweite Interpretationsmöglichkeit hinzufügt : David habe die Zählung ohne Notwendigkeit veranstaltet. Man habe nämlich das Volk nur zählen dürfen, wenn eine echte Notwendigkeit, z.B. ein Krieg, es gebot.

Diese beiden Ansichten sind oft vertreten worden : Unterlassung des Kofär-Preises als Sünde wie gesagt bei R. Eleasar (BBerachot 62b, siehe oben), ferner bei jenen "andern Erklärern", gegen die Jephet Ben Eli sich wendet, aber auch bei Raschi und Ramban zu Ex 30.12 (89), während die Zählung als überflüssig und daher schuldhaft betrachtet wird von Jephet Ben Eli, Jeschaja von Trani (90), Radaq (91), Ramban in seinem Kommentar zu Num 1.3 (92). Ramban zitiert für diese seine Exegese einen Midrasch, der diese Auslegung R. Elieser im Namen von R. Jose Ben Zimra (in Palästina um 220) zuschreibt (93).

Ralbag, Abravanel (94) und auch Ramban (95) erklären Davids Sünde der Volkszählung als stolze Anbetung eigener Macht anstatt demütigen Vertrauens auf Gott.

Zusammenfassend kann man feststellen, dass zwei in die tannaitische Zeit hinaufreichende Interpretationen Davids Volkszählung deshalb als schuldhaft deuten, weil David eine an solche Zählungen objektiv geknüpfte Bedingung Gottes missachtet hat (entweder die Bedingung, dass die Bezahlung einer Steuer gefordert ist, oder die Einschränkung, dass nur funktional gerechtfertigte Volkszählungen erlaubt sind). Erst später in der Auslegungsgeschichte hat man aus dem Gedanken, dass David sein Volk überflüssigerweise gezählt habe, ein sündiges Motiv des Königs abgeleitet : seine Hybris (Ralbag, Abravanel). Am klarsten sagt übrigens Jephet Ben Eli, dass David gesündigt habe, weil er das Volk überflüssigerweise, d.h. ohne dazu ermächtigt zu sein, gezählt habe.

Die alte jüdische Exegese hat nach alledem den Weg vorgezeichnet, dem die Interpetation der hier vorgelegten Untersuchung folgt.

Jephet Ben Eli und die rabbanitischen Exegeten nehmen zu V. 11-14 an, David habe positiv die Pest gewählt, da diese unter den drei als einzige eine nur von Gott gewirkte Strafe genannt werden könne, während sowohl Flucht als auch Hungersnot ein Fallen in Menschenmacht und Menschenhand bedeuten würden : so Radaq und Josef Kara, während Raschi, Radaq und Abravanel nach dem Midrasch, sowie Jeschaja von Trani ohne ausdrücklichen Bezug auf den Midrasch wie Flavius Josephus Davids Wahl damit begründen, dass der König unbedingt von der Strafe selber mitbetroffen werden wollte, was nur bei einer Seuche möglich war, da sich die Mächtigen vor Hungers- und Kriegsnöten leicht schützen können, nicht aber vor Krankheiten. Jephet ben Eli präzisiert zweierlei : Erstens sind alle drei zur Wahl gestellten Strafgerichte gleichwertig : keines ist strenger als das andere. Zweitens wählt David jene Heimsuchung, bei der es keiner Menschen als Werkzeuge der Durchführung bedarf, nämlich die Epidemie. Dies trifft weder auf Krieg noch auf Hungersnöte zu, denn jener wird ganz von Menschen geführt, diese machen ihre Opfer von den wirtschaftlich Mächtigen abhängig, die über die Nahrungsmittel verfügen. So geht die Hungersnot zwar von Gott aus, schafft aber eine Abhängigkeit von Menschen, die den Brotkorb nach Belieben höher oder tiefer hängen können.

Nach Abravanel sind diese drei Strafen überhaupt nicht als Strafen des Königs, sondern des Volkes zu verstehen. Der König ist bloss das Werkzeug, dessen sich Gott bedient, um Israel zur Rechenschaft für sein todeswürdiges Vergehen zu ziehen. Die Volkszählung hatte das böse Auge auf Israel geworfen, aber um seiner eigenen Ehre und um Davids Gebetes willen milderte Gott die Israel zugedachte Strafe (96). David wählte die Pest, weil sie die leichteste der drei Strafen war.

Abravanel und Radaq begründen Davids Wahl der Pest auch damit, dass Hunger zu Krieg und Krieg zu Hunger führen, sodass die Wahl eines der beiden unweigerlich auch das Zwillingsübel nach sich gezogen hätte.

Die gesamte Auslegung der mittelalterlichen Exegese hat somit im Unterschied zu der in dieser vorliegenden Studie vertretenen Deutung den V. 14 als Davids ausdrückliche Wahl der Epidemie verstanden. Der König wollte eine Strafe, die nur von Gott gewirkt war, und dies, so meinen unsere Ausleger, schliesse Verfolgung und Hungersnot aus. Die Verfolgung durch Feinde ist dabei immer mit Krieg gleichgesetzt.

Was V. 15 betrifft, so ist sich beinahe die ganze mittelalterliche Exegese darüber einig, dass der gemeinte Zeitpunkt noch am gleichen Tag, nicht erst am Ende der drei Tage eintrat. Man folgt dabei dem Targum ("von der Schlachtung des Tamidopfers bis zu seiner Darbringung") (97) oder der von den Septuaginta vertretenen Ansicht ("bis Mittag") (98). Beide Erklärungen sind im Talmud (99) tannaitischen Lehrern zugeschrieben (R. Chanina und R. Jochanan, beide in Palästina im 3. J.), ebenso im Midrasch Pesiqta Rabbati (R. Chijja u. Schmuel Ben Nachman, in Palästina im 3. J.) (100).

Abravanel allein ist anderer Meinung : das Wort Gottes an den Propheten musste sich genau erfüllen; die drei Tage Strafe als solche stellen eine milde, erbarmungsvolle Ahndung von Israels Vergehen dar ! Radaq unterstreicht demgegenüber ein so geartetes Erbarmen Gottes, dass es zu einer Abkürzung des Strafgerichtes führte. Dasselbe hebt Jephet Ben Eli mit grosser Genauigkeit hervor : er weist ausdrücklich eine Interpretation zurück, dergemäss die Pest erst am Ende der drei Tage erloschen wäre. Der Ausbruch der Pest, Gads Besuch bei König David, dessen Wahl der Pest sowie der Befehl Gottes an den Würgeengel, seine Hand jetzt sinken zu lassen, geschehen an ein und demselben Tag.

Was hat JHWH veranlasst, sich nach V. 16 des Unglücks gereuen zu lassen und dem Würgeengel, als er Jerusalem angreifen wollte, in den Arm zu fallen ?

Abravanel nimmt die moderne Umstellung von V. 17 vor V. 16 vorweg : Nachdem David unter dem Eindruck des furchtbaren Pesttodes, der drei Tage lang bis in die unmittelbare Umgebung des Königs wütete, Gott selbstlos um Erbarmen für Israel gebeten hatte (V. 17), erhörte ihn Gott und gebot der Epidemie Einhalt. V. 17 begründet dergestalt V. 16. Zwischen V. 14, wo David die Epidemie gewählt hatte, und V. 17, wo David für sein Volk Israel Fürbitte leistete, geschah ein Fortschritt : David erlebte jetzt aus unmittelbarer Erfahrung und Anschauung, wie grauenvoll der Pesttod Israel dezimierte (V. 16f.), während er in V. 14 die Epidemie in der blossen Vorstellung gewählt hatte. Da zeigte es sich, dass die Wirklichkeit an Grauen jede Vorstellung übertraf.

Gott liess nach Abravanel daraufhin dem König den Würgeengel erscheinen, damit David fürbittend für sein Volk einträte, und auch um ihm die Stätte des Gebetes und des Verzeihens zu bezeichnen, d.h. den Standort des späteren Tempels. Für Abravanel sieht der Ablauf und die theologische Logik des Geschehens daher folgendermassen aus : Gott ergreift die Initiative des Erbarmens, indem er David durch die Erscheinung des Würgeengels Gelegenheit zur Fürbitte gibt, die zur Ursache der dem Volke Israel gewährten Vergebung wird.

Jephet Ben Eli hatte fünf Jahrhunderte früher die Entwicklung der Ereignisse wie folgt verstanden : Nachdem David etwa um die Mittagszeit des auf Joabs Rückkehr von der Volkszählung folgenden Tages die Epidemie gewählt hatte und diese ausgebrochen war, liess ihn Gott den Würgeengel über Jerusalem mit dem gezogenen Schwert in der Hand schauen und wartete, um zu sehen, was David tun würde. Bei diesem Anblick warf sich David gemeinsam mit den Aeltesten in Sackgewändern zu Boden (1 Chr 21.16). Auf dieses Zeichen der Busse hin brach Gott die Epidemie ab (V. 16), und daraufhin bat David für sein Volk, indem er seine und seines Hauses Schuld bekannte (101).

Für Jephet Ben Eli geschah Folgendes : Davids Bitte um Schonung (V. 17) und seine Opferdarbringungen (V. 25) verkürzten die Strafe

Gottes. Dies war möglich wegen des reichen Erbarmens Gottes, aus dem heraus er David die Vision des Würgeengels und den Auftrag zum Altarbau gewährte.

So ist ein Unterschied zwischen V. 10 und V. 17 : im ersten ein Bekenntnis, im zweiten eine Bitte um Nachsicht für Israel und eine Uebernahme der ganzen Schuld und Verantwortung durch David.

Jephet Ben Eli unterstreicht die Sünde Davids und die gleichzeitige Schuld des Volkes Israel. Dieses hätte der unrechtmässigen Zählung Davids Widerstand leisten müssen ! Weil es dies nicht getan hatte, wurde es nicht unschuldig von dem Strafgericht geschlagen. David aber nimmt die Schuld ganz auf sich und betrachtet Israel als unschuldig. Darin folgt unsere hier vorgelegte Interpretation dem karäischen Exegeten, da auch sie mit einer Schuld Davids und einer gleichzeitigen Schuld Israels rechnet, die David jedoch in seiner Fürbitte von V. 17 ausser Betracht lässt (102).

BBerachot 62b überliefert Midraschim aus der tannaitischen Zeit, die JHWHs Reue mit verschiedenen Begründungen erklären : mit dem Tod eines Grossen oder dem Erzvater Jakob, der Asche Isaaks, dem Kofär-Geld der Israeliten oder dem Heiligtum in Jerusalem, die Gottes Reue veranlasst hätten. Diese Heilsgarantien, die Israel einst von Gott empfangen hatte, vermochten Gott zur Reue, zur Gnade und zum Abbruch der Pest zu bewegen. Es war jedoch nicht das Fürbittegebet Davids !

Aehnlich überliefern Radaq und Abravanel einen Midrasch, demzufolge die Pest während dreier Tage hätte dauern müssen, d.h. während 36 Stunden. Da seien indessen 35 mächtige Fürbitter aufgetreten, von denen jeder eine Stunde Straferlass für Israel von Gott erlangt habe : die zehn Gebote, die zwei Gesetzestafeln, die drei Erzväter, die fünf Rollen der Tora, die sieben Tage von Sabbat zu Sabbat, die acht Tage zwischen Geburt und Beschneidung, insgesamt fünfunddreissig Fürbitter (103).

Nach Radaq bewegt die Vision des Engels, die Gott dem König gewährt, David zur Fürbitte, auf die hin Gott vergibt. Als Zeichen, aus dem König David Gottes Vergebung ablesen kann, bestimmt Gott die Stätte der Liturgie, des Gebetes, der Fürbitte an eben dem Ort, an dem David Gnade widerfuhr.

Die älteste Exegese der Midraschim fasst als Grund für Gottes Reue seine Israel gegebenen Pfänder auf, die durch die Schuld des Volkes nicht annulliert werden konnten. In bildhafter, anschaulicher Sprache meinen diese Ausleger, dass Gottes Reue, d.h. sein Erbarmen mit Israel in Gottes unzerstörbarer Liebe zu seinem Volk begründet lag. Es bedurfte nicht Davids Dazutun, um Gott zur Milde umzustimmen. Dies scheint den Sinn von V. 16, der ja vor Davids Fürbitte in V. 17 steht, genau zu treffen!

Die mittelalterlichen Ausleger, die die Erzählung in ihrem Zusammenhang erklären, schreiben Davids Fürbitte und der Liturgie eine Rolle bei Gottes Umschwung und Begnadigung Israels zu. Was die sühnende Liturgie des Königs auf der nachmaligen Stätte des Tempels anlangt, so wird sie als Zeichen verstanden, die Gottes Vergebung beweist (Abravanel, besonders Radaq). Da die Fürbitte Davids ihrerseits von Gott selbst durch die von ihm dem König gewährte Vision des Würgeengels hervorgerufen wurde, wird deutlich, dass Gott sich Israels erbarmen will und sich dabei des fürbittenden Königs bedient, um seine Gnade zu realisieren. Erbarmen Gottes auf der einen Seite, Fürbitte sowie Sühneliturgie des Königs auf der andern stehen offenbar nicht nur in keinem Gegensatz, sondern sind aufeinander bezogen wie Zweck und Mittel, Wille und Willenskundgabe, Werk und Werkzeug. Beachtlich ist, dass Jephet Ben Eli (anders als Abravanel!) das zeitliche Nacheinander von Gottes Erbarmen, das vorausgehend das Strafgericht abkürzt, und von Davids Bitte und Liturgie, die erst nachfolgen und doch diese erbarmende Verkürzung der Pest mitverursachen ("beeinflussen", wie Jephet sagt), nicht im mindesten beirrt! Für den karäischen Ausleger wie auch wohl für Radaq schafft sich Gottes Erbarmen in dem bekennenden, fürbittenden und opfernden König David das Werkzeug, durch das seine Gnade in der Gesellschaft und Wirklichkeit der Menschen eine sichtbare und anschauliche Gestalt empfängt!

Ist es nicht möglich, dass diese Interpretation das vom Erzähler selbst Gemeinte trifft?

ANMERKUNGEN

1. EHRLICH, S. 344f. behauptet (wie schon KLOSTERMANN, S. 258, vor ihm) נפל ביד פ heisse nur durch die Hand jemandes fallen, wie in 1 Sam 21.22, nie jedoch in die Hand jemandes fallen. Die ausführlichste Widerlegung dieser Meinung bei SCHULZ, S. 288 mit Hilfe zweier Argumente : 1° in Ri 15.18 heisst es klar in die Hand fallen, wie der Zusammenhang ergibt; 2° aus dem Kontext von V. 14 wird deutlich, dass "durch die Hand JHWHs fallen" hier ausgeschlossen ist, denn wie wäre grosses Erbarmen mit David noch möglich, wenn JHWH ihn tötete ?

2. David schliesst eine der drei Strafen aus, zwischen den beiden verbleibenden wählt er nicht : dies sehen THENIUS, S. 290 ("denn nach uns. T. [sc. nach dem MT] hätte Dav(id) nicht bestimmt genug gewählt"), SCHULZ, S. 289, LEIMBACH, S. 222, ROTHSTEIN-HAENEL, S. 389, HERTZBERG, S. 340, FUSS, S. 153, Anm. 49. CASPARI, S. 665 u. S. 665 Anm. 3 schwankt : in der Anm. heisst es : "Indem er (sc. David) genau genommen nur den Krieg ablehnt, gibt er Gott die Entscheidung zwischen Hunger und Seuche zurück", im Kommentar sagt er jedoch, D. habe die Seuche gewählt. Auch RUPPRECHT, S. 7, will sich nicht entscheiden. KEIL, S. 394, gesteht seinerseits loyal, dass er den Grund nicht sieht, warum eine Hungersnot ein Fallen in Menschenhände ist, dennoch wählt auch für ihn David positiv die Pest. Die andern Kommentare folgen meistens dem Text der LXX, die ausdrücklich sagen, David habe die Pest gewählt. Die LXX-Lesart ist hier jedoch sekundär, siehe vorläufig BARTHELEMY (1976), S. 286 u. dann definitiv BARTHELEMY (1982) ad loc.

2a. AMBROSIUS, Explanatio Ps 37, S. 146, Z. 28 — S. 147, Z. 3 : elegit... ut dei lenitati magis, qui nosset ignoscere, quam hominum se committeret potestati, qui mensuram ultionis frequenter excederent. miseretur itaque qui nescit errare, non miseretur qui erroris est particeps. -- Diese Deutung scheint mir wahrscheinlicher als die G. von RADs, Theologie des Alten Testaments, Bd. 1. Die Theologie der geschichtlichen Ueberlieferungen Israels (München 4/1962) 330f. : David habe die schwerste Strafe gewählt, nämlich eine unmittelbar von Gott gewirkte Strafe, statt sich eine leichte, nämlich eine durch Menschenhand erfolgende Strafe zu wählen. In v. RADs Interpretation erklärt sich die Begründung in V. 14 : "denn gross ist das Erbarmen JHWHs" nur gezwungen ! *Weil* das Erbarmen JHWHs gross ist, zieht David JHWH als Strafenden den Menschen vor, deren Erbarmen klein ist.

3. Wenn manche Erklärer die Meinung vertreten, Hungersnöte seien wie Kriege Menschenwerk und nicht wie Epidemien Gottes Werk, so scheitern sie an 2 Sam 21.1, und ihre Begründungen leuchten in ihrer Gezwungenheit auch nicht ein, so THENIUS, S. 290, EHRLICH, S. 345, KIRKPATRICK, S. 454. KEIL, S. 394, spricht seine Aporie in klaren Worten aus.

4. Es ist klar, dass die Lesart der LXX "und David wählte sich die Pest aus" einen andern Sinn ergibt als der TM, siehe dazu unten S. 46f.: David wählt hier nämlich positiv eine der drei Heimsuchungen. Dazu passt, dass LXX in V. 14 die 1. Person Singular an beiden Stellen lesen, während der TM wie gesagt zwischen 1. Person Plural beim Fallen in die Hand JHWHs und 1. Person Singular beim Fallen in die Hand von Menschen unterscheidet. M.E. liegen hier zwei Systeme vor : der MT lässt David nicht positiv wählen, weil es ihm nur darauf ankommt, eine ihn allein treffende Ahndung (1. Person Singular beim Fallen in die Hand von Feinden) zu vermeiden, nicht aber eine das Volk kollektiv ereilende Strafe (1. Person Plural, ich und Israel, beim Fallen in die Hand JHWHs); nach LXX wählt David positiv eine der drei Strafen, weil er hier offenbar nach dem Kriterium der Dauer die kürzeste wählt. LXX bieten eine einfache Wahl Davids, MT eine komplexe. Man kann aber angesichts dieser zwei Systeme wohl nicht für V. 14 den MT beibehalten (Wechsel Plural-Singular) und in V. 15 zu den LXX (mit dem Plus "und David wählte sich die Pest aus") abschwenken, wie es seit Wellhausen, S. 219 so oft geschieht.

5. DAUBE, S. 163-166, 186 u. passim, hat gezeigt, dass nach altorientalischer Auffassung Herrscher am empfindlichsten bestraft werden können, wenn sie in ihrem Volk getroffen werden, genau so, wie es das schwerste Leid für Eltern ist, wenn man ihren Kindern etwas antut. Diese Art von Bestrafung eines Herrschers in seinem Volk ist etwas anderes als eine kollektive Strafe. DAUBE nennt sie Herrscherstrafe (ruler's punishment). (Diese Theorie findet sich klar schon bei Abravanel, siehe Anm. 86.) In V. 13 sind Hungersnot und Pest solche Herrscherstrafen, die David in seinen Untertanen schlagen, während die Flucht vor Feinden ein ihn persönlich treffendes Unglück ist.
    David betrachtet nun offensichtlich in V. 14 die Strafe, die unmittelbar sein Volk heimsucht, ihn persönlich aber nur mittelbar berührt, weil sie seine Person ungeschoren lässt, als leichter als die Strafe, die seine Person unmittelbar trifft. Zunächst ist ihm eben das Hemd näher als der Rock. In V. 17 wird er soweit sein, dass ihm die sein Volk dezimierende Strafmassnahme JHWHs unerträglicher scheint als eine nur ihn und seine Familie ereilende Strafe.

6. Mit BARTHELEMY (1976), S. 286f. u. BARTHELEMY (1982) ad loc. halte ich den Text der LXX "und ich, der Hirte, ich bin's, der Böses getan hat" für ursprünglicher als den TM.

7. Siehe unten S. 35-39. Der Vergleich zwischen dem Fürbitter Mose und dem Fürbitter David schon bei AMBROSIUS, Apologia, S. 323, Z. 9-12.

8. Siehe unten S. 16-18. AMBROSIUS, Apologia, S. 323, Z. 6-9, hat den Fortschritt zwischen erstem u. zweitem Bekenntnis Davids klar erkannt : beim ersten Bekenntnis (V. 10) wurde ihm nicht vergeben (absolutione aestimabatur indignus), während er beim zweiten die Vollmacht empfing, ein sühnendes Opfer darzubringen, das Vergebung bedeutete (quo facto statim dignus sacrificio iudicatus est).

9. Die militärische Zielsetzung der Volkszählung ist deutlich, vgl. dazu z. B. von RAD, S. 37f., THENIUS, S. 289, KEIL, S. 390, u.a.

10. FLAVIUS JOSEPHUS, Ant. Iud. VII, 322-323, THEODORET, Quaestio 45 in II Regum, S. 451f. (u. PROKOP v. Gaza, c. 1144D), Jo. CHRYSOSTOMUS, Ep. ad Romanos Hom 29, c. 658f., RHABANUS MAURUS, Sp. 122, erklären Davids Wahl der Epidemie, die sie nach dem Verständnis der LXX voraussetzen (oben Anm. 4), aus dem Willen des Königs, persönlich selber von der Strafe betroffen zu werden. Bei Hunger und Krieg sei ja ein König durch Vorräte und Truppen vor den Leiden des gemeinen Volkes geschützt, während er den Epidemien ebenso ausgesetzt ist wie der kleine Mann. In V. 14 scheint mir diese Deutung noch verfrüht, während sie auf der Stufe von V. 17 in ihrer Intention die Absicht der Erzählung trifft, die, wie es scheint, eine Entwicklung von V. 14 zu V. 17 stattfinden lässt. Diese Entwicklung nimmt Ambrosius in der Apologia (siehe oben Anm. 8) an, während er in der Explanatio Ps 37, S. 148, Z. 1-15 David bei einem Leser entschuldigt, der in Davids Wahl einen Akt des Egoismus sieht : ... fortasse aliquibus perfunctorie legentibus durum videatur, quod David... mortem magis populi elegit quam suam fugam aut famem super terram. AMBROSIUS begründet dann anders, aber nicht weniger gezwungen als FLAVIUS JOSEPHUS die Selbstlosigkeit von Davids Wahl. Die perfunctorie legentes haben wohl das Richtige getroffen.
Das Mitleid, das David beim Anblick der vielen Sterbenden in seinem Volk ergriff und zur Fürbitte und Selbsthingabe an die Strafe brachte, unterstreicht AMBROSIUS, ebd., sehr zu Recht, siehe auch Jo. CHRYSOSTOMUS, Ep. ad Romanos Hom. 29, c. 659.

11. Erörterungen bei THENIUS, S. 290f., KEIL, S. 395, ERDMANN, S. 569, u.a. Die Bedeutung des Ausdrucks ist nicht : "bis zu der bestimmten Zeit", wie WELLHAUSEN, S. 219 (und nach ihm NOWACK, S. 260, u.a., auch noch RUPPRECHT, S. 7) statuiert ("da der Sinn Determination erheischt"), sondern "bis zu einer bestimmten Zeit", da der determinierende Artikel ja fehlt : siehe KEIL, S. 395, ERDMANN S. 569, SMITH, S. 391, KIRKPATRICK, S. 454, LEIMBACH, S. 223, MEDEBIELLE, S. 560. Wäh-

rend die meisten Erklärer etwas ratlos vor dieser Indetermination stehen und das Problem wie WELLHAUSEN, ebd., lösen, indem sie an einen terminus technicus denken, der wie ein Eigenname keine Determination erheischt, und dessen Inhalt man dann nach verschiedenen Richtungen zu präzisieren sucht, haben KIRKPATRICK, ebd., und vor allem ERDMANN, ebd., einen einfachen Sinn des unbestimmten Ausdrucks aufgewiesen : "bis zu einem bestimmten Zeitpunkte", nämlich bis zu dem bestimmten Zeitpunkt, da es JHWH leid tat, und er die Seuche abbrach.

Wenn KEIL, ebd., einwendet, מועד ohne Artikel bedeute im A.T. gottesdienstliche Feier, Festversammlung (wobei er eine tautologisch wirkende Formulierung verwendet : "wogegen מועד in der allgemeinen Bedeutung einer festgesetzten Zeit stets den Artikel hat, wenn von einer bestimmten Zeitfrist die Rede ist"), so stehen dem Ex 9.5 u. Ps 75.3 (vgl. auch Ps 102. 14) entgegen, wo artikelloses unbestimmtes מועד durchaus die indeterminierte Bedeutung "ein Zeitpunkt" hat.

12.   Den Nachweis, dass diese bestimmte Frist noch auf denselben Tag und nicht erst auf einen folgenden Tag und erst recht nicht erst auf das Ende des 3. Tages fällt, hat BOCHARTUS, Sp. 376f. geführt, siehe nach ihm die konzis zusammengefasste Argumentation bei THENIUS, S. 290.

13.   JEREMIAS, S. 67 sieht Widersprüche zwischen dem Stop der Epidemie in Jerusalem (V. 16) und der Wendung "von Dan bis Beerscheba" (V. 15) sowie zwischen der zeitlichen Beschränkung der Pest in V. 13 und dem räumlichen Einhalt, der der Pest in Jerusalem geboten wird (V. 16). Aus diesen beiden u. 5 weiteren "Widersprüchen" schliesst er auf den sekundären Charakter von V. 16. Da sich aber beide Paare nicht ausschliessen (der Arm der personifizierten Pest wird an einem Punkt des Raumes aufgehalten und dadurch automatisch auch an einem Punkt der Zeit am Fortwüten gehindert, und Israel wird von Dan bis Beerscheba rund um Jerusalem von der Seuche überflutet), sind die Widersprüche nicht unauflösbar.

14.   Das gehört zum Wesen der Fürbitte im A.T., vgl. SCHENKER, S. 104-110, siehe das Zitat AMBROSIUS' in Anm. 38 und dasjenige GREGORs d. Gr. in Anm. 68.

15.   Der Einschub von V. 17 zwischen V. 16a und b wird von DHORME (1910), S. 444, DHORME (1956), S. 1021 verlangt, die Umstellung der V. 16 u. 17 von BUDDE, S. 330, 333 (im peremptorischsten Ton), ebenso von KLOSTERMANN, S. 259, nach ihnen auch von SMITH, S. 391, LEIMBACH, S. 223, während NOWACK, S. 261 V. 17 für eine wahrscheinliche Interpolation hält. Unter den alten Auslegern hat Jo. CHRYSOSTOMUS Davids Bekenntnis in V. 17 als Motiv für Gottes Vergebung (V. 16) gedeutet, sodass V. 17 für V. 16 vorausgesetzt ist : Expositio in Ps 140, S. JOANNIS CHRYSOSTOMI Opera..., ed. B. de MONTFAUCON, Vol. 5 (Ed. Gaume) (Paris

1836) 528f., ebenso in Ep. ad Romanos Hom. 29, c. 659. Aehnlich bewirkt Davids "humilita(s) prudentia mansuetud(o)" nach AMBROSIUS, Apologia, S. 323, Z. 1-5, Gottes Mitleid und Reue, ferner in Apologia, S. 346, Z. 19-347, Z. 2; Explanatio Ps 35, Explanatio Psalmorum XII, ed. M. PETSCHE-NIG, CSEL 64 (Wien-Leipzig 1919) 56, Z. 16-18. Diese Hervorhebung der Wichtigkeit des der Sündenvergebung vorausgehenden Bekenntnisses erklärt sich bei AMBROSIUS u. CHRYSOSTOMUS weniger aus der Exegese von 2 Sam 24.16 u. 17 als aus ihrer homiletischen Situation, in der diese Väter ihre Hörer zum Bekenntnis ermunterten mit der Begründung, man habe nicht sobald seine Schuld bekannt, als diese auch schon vergeben sei.
CORNELIUS A LAPIDE, S. 599, col. b : hinc colligitur Deum, antequam oraret David, ex spontanea misericordia jussisse Angelo, ut plagam ... sisteret.

16. Dies hat CASPARI, S. 666 klar ausgesprochen : "Dass die Rücksicht auf die hl. Stadt Jahwe zum Einhalt bewege..., findet sich nicht ausgesprochen; 15 !" Vgl. HERTZBERG, S. 341 (zu V. 18) : "Es wird mit Nachdruck betont, dass der Ort der Tenne nicht bereits Heiligtum ist, sondern durch die Erscheinung des Engels erst zum Heiligtum wird."

17. Z.B. KITTEL, S. 457f. Anm. v, NOWACK, S. 261, JEREMIAS, S. 67 (V. 16 ist ein späteres, dem V. 18 u. 25 vorgreifendes Element). SCHULZ, S. 294 löst die Schwierigkeit, indem er annimmt, V. 16 bezeichne das Ende der Pest in Jerusalem, V. 25 das Ende im ganzen Lande.

18. Siehe dazu etwa S. MOWINCKEL, Religion und Kultus (Göttinger theologische Lehrbücher) (Göttingen 1953) 98-108.

19. Die Gewissheit der Vergebung ist der Sinn des Altarbaus und des Opfers Davids : KLOSTERMANN, S. 259 (zu V. 18 mit dem Auftreten Gads). AMBROSIUS, Apologia, S. 323, Z. 6, 7-9 : angelo ferienti plebem se obtulit... (sc. in V. 17), quo facto statim dignus sacrificio iudicatus est, qui absolutione aestimabatur indignus (nämlich in V. 10ff., wo er trotz Bekenntnis eine Strafe wählen musste). Die Vollmacht, ein Opfer darzubringen, ist das Zeichen u. der Beweis gewährter Vergebung.

20. Das Innere hat in der Religion immer ein Aeusseres, das das Innere darstellt, siehe dazu etwa G. VAN DER LEEUW, Phänomenologie der Religion (Neue theologische Grundrisse) (Tübingen 3/1970) 420-428 (von Nr. 5 Ende abgesehen, wo eine Bemerkung fällt, der ich in ihrer Absolutheit nicht zustimmen kann).
HERTZBERGs "Inkonsequenz", HERTZBERG, S. 342 (zu V. 25) und JEREMIAS' "Widerspruch", JEREMIAS, S. 67, dass auf V. 16 noch V. 25 folgt, der in scheinbarer Spannung zu V. 16 das Aufhören der Epidemie auf

das Opfer zurückführt, lösen sich somit sinnvoll auf. AMBROSIUS, Explanatio Ps 37, S. 147, Z. 21f. : "quia Dominus, etsi vult ignoscere, vult rogari et ut rogetur operatur".

21. Zur historischen Seite der Frage, ob und wie Könige in Israel auch liturgische Funktionen erfüllten, siehe de VAUX I, S. 184-186 : Die Könige amteten als Priester bei besonderen Anlässen : "Uebertragung der Lade, Weihe eines Altars oder Heiligtums, grosse jährliche Feste" (S. 185).

22. Zu diesem Rückkauf- oder Löserecht, siehe Lev 25.23-28 und vgl. de VAUX I, S. 267-270 sowie R. BOHLEN, Der Fall Nabot. Form, Hintergrund und Werdegang einer alttestamentlichen Erzählung (1 Kön 21) (Trierer Theol. Studien 35) (Trier 1978) 320-350 (Lit. zur Vererbung von Grund und Boden), A. SCHENKER, Gott als Vater – Söhne Gottes. Ein vernachlässigter Aspekt einer biblischen Metapher, in : FZPhTh 25 (1978) 3-55, hier S. 18-34.

23. Die Altargründungen Abrahams in Gen 12.7f.; 13.4,18, Isaaks in Gen 26.25, Jakobs in Gen 33.19f.; 35.1,3 machen das Besitzrecht der Erzväter an diesem Boden kund, auf dem die Altäre errichtet werden. Die Altarerrichtung ist ja sowohl das Recht des Eigentümers des Grundes, auf dem der Altar steht, als auch des Oberhauptes der Gruppe, für die der Altar gestiftet wird, also des pater familias oder des Königs ! (Dies sah klar Abravanel in seinem Kommentar, siehe unten Anm. 86.) Indem die Erzväter Altäre bauten, handelten sie somit zugleich als Oberhäupter ihrer Sippen und als Eigentümer des ihnen verheissenen Landes ! In diesem Sinne kann man die Erläuterungen von WESTERMANN 2, S. 181, JACOB, S. 345 präzisieren.

24. MEDEBIELLE, S. 561 "Le souvenir de l'ange remettant son épée dans son fourreau (XXIV,16) garantissait la perpétuelle manifestation de la miséricorde divine en ce lieu." HENGSTENBERG (zitiert bei ERDMANN, S. 573a) : "Es ist sehr merkwürdig, dass die vergebende Barmherzigkeit Gottes schon vor der Legung der äusseren Fundamente des Tempels von Gott als das geistliche Fundament desselben thatsächlich bezeichnet wurde."

25. Dazu siehe A. SCHENKER, Que signifie le mot kofer ? Qu'est-ce qu'une expiation, in : Biblica (1981), und ders., Versöhnung und Sühne. Wege gewaltfreier Konfliktlösung im Alten Testament; mit einem Ausblick auf das Neue Testament (Biblische Beiträge 15) (Freiburg/Schweiz 1981), bes. S.55ff.

26. Dies ist die Interpretation von FLAVIUS JOSEPHUS, Ant. Iud. VII, 318 : David habe den in Ex 30.12 vorgeschriebenen halben Schekel pro Kopf nicht erhoben, dasselbe bei RHABANUS MAURUS, c. 121f., ANGELOMUS,c. 388B. So ohne weitere Begründung gesagt setzt sich diese Erklärung

natürlich sofort den naheliegenden Einwänden aus : dies steht nicht im Text, und überdies sind die Exodustexte priesterschriftlich, und damit viel später als 2 Sam 24.

Doch scheint es mir kaum zweifelhaft, dass die Zählung in Ex 30.11-16; 38. 25f. als ein Hoheitsrecht JHWHs betrachtet wurde, und diese Anschauung braucht keineswegs erst zur Zeit der Niederschrift der Texte in Exodus aufgekommen zu sein. Ferner ist es nicht ausgemacht, dass 2 Sam 24 in der uns vorliegenden Gestalt lange vor der Priesterschrift verfasst worden ist, siehe dazu S. 38f. Diese Erwägungen beweisen zumindest eines : die Erklärung, der durch die Volkszählung geschehene Fehltritt Davids habe in der Verletzung eines Hoheitsrechtes JHWHs bestanden, ist für 2 Sam 24 nicht unmöglich.

Neben dieser Erklärung der Sündhaftigkeit von Davids Volkszählung kann man vier weitere Deutungen antreffen, die unter sich Unterschiede aufweisen mögen, aber sich auf vier Argumente zurückführen lassen :

1/ Man erklärt die Sünde der Volkszählung rein profan-historisch, nämlich : Zählungen seien beim Volke nie beliebt, und dieser Widerwille der eifersüchtig über ihren Freiheiten wachenden israelitischen Stämme gegen die neue zentralistische Zensusmassnahme Davids begründe die Sünde (so z.B. NOWACK, S. 257, CASPARI, S. 663; vgl. BUDDE, S. 328 und KITTEL, S. 457, die dies als eine zweite Erklärung anführen). Man trifft damit vielleicht die historische Veranlassung der Tradition, welche 2 Sam 24 gestaltet hat, aber man verfehlt sicher die Aussage des Verfassers von 2 Sam 24, der nicht den Unwillen des Volkes, sondern den Unwillen JHWHs über die Zählung zeigen will, und für den diese Musterung nicht eine unpopuläre Massnahme, sondern eine Sünde war, siehe KIRKPATRICK, S. 459.

2/ Oft sucht man das Sündhafte an der Volkszählung damit zu begründen, dass niemand sich unterfangen dürfe, den Segen, das Leben, die Fruchtbarkeit des Volkes statistisch unter seine Kontrolle zu bringen, weil sie ausschliesslich Eigentum und Gabe JHWHs seien, so z.B. bei BUDDE, S. 328, KITTEL, S. 457, SCHULZ, S. 284, DHORME (1956), S. 1018, HERTZBERG, S. 339f., G. von RAD, Theologie des Alten Testaments, Bd. 1 Die Theologie der geschichtlichen Ueberlieferungen Israels (München 4/1962) 330 (mit verschiedenen Nuancen),und in diesem Sinn, aber mit wenig Verständnis für die Sache hat J.G. FRAZER, Folk-Lore in the Old Testament. Studies in Comparative Religion Legend and Law, vol. 2 (London 1918) 555-563 Parallelen aus der Ethnologie und Volkskunde gesammelt, die die weitverbreitete Hut der Völker vor Volks-, Vieh- und anderen Zählungen bezeugen. So begründet das Verbot der Zählung auch THEODORET, Quaestio 45 in Regum, S. 450.

3/ Andere Erklärer deuten die Sünde in der Weise, dass durch die militärischen Zwecken dienende Volkszählung der JHWH-Krieg durch eine profan-rationale Kriegsorganisation ersetzt wurde, weil der Glaube Davids an den souverän eingreifenden und Sieg wirkenden JHWH erlahmt war, so z.B. CASPARI, S. 663, HERTZBERG, S. 339f., von RAD, S. 37, siehe oben

Anm. 9; die älteren Vertreter dieser oder ähnlicher Positionen bei THENIUS, S. 288f., KEIL, S. 390. So hatte in der patristischen Zeit schon SULPICIUS SEVERUS, Chronicorum lib. 1, 38, 6-8, ed. C. HALM, CSEL 1 (Wien 1866) 41, LL. 8-22, bes. LL. 12-14 erklärt : "ut regni sui potentiam ex suorum potius multitudine quam ex favore divino aestimaret".

4/ Schliesslich betrachtet man als den Beweggrund des Königs für seinen Zensus Hochmut, Uebermut, Stolz, u. das habe die Zählung zur Sünde gemacht, so THENIUS, ebd., CORNELIUS a LAPIDE, S. 597, col. a, KEIL, ebd., ERDMANN, S. 564, KIRKPATRICK, S. 459. Auch diese Deutung hat ihre Vertreter in der patrist. Exegese, so AUGUSTINUS, Contra Faustum, lib. 22, cap. 66, S. Aurelii Augustini... operum t. 8 (Mauriner Ausgabe) (Paris 1688) col. 399G-400A; AMBROSIUS, Expositio Ps 118; 17, 37,3, ed. M. PETSCHENIG, CSEL 62 (Wien-Leipzig 1913) 395, LL. 19-21; GREGOR d. Gr., Moralia in Job XXV, 16, 35, PL 76, c. 344 B-C; RHABANUS MAURUS, c. 120C; ANGELOMUS, C. 387D.

Dass es sich im Kern um einen Uebergriff auf JHWHs Hoheitsrecht handelte, das David durch den Beschluss der Volkszählung antastete, geht aus folgendem Umstand hervor : Alle Zählungen, die im A.T. erwähnt sind : Ex 38.15f.; Num 1; 26 sind sakral und werden daher von JHWH angeordnet. Wir dürfen annehmen, dass diese sakrale Auffassung der Zählungen alt ist, auch wenn sie erst priesterschriftliche Quellen bezeugen. Nun betont der Verf. in 2 Sam 24.1-3, dass JHWH die Volkszählung nicht angeordnet hat ! Er sagt ja nicht, JHWH habe David zu ihr autorisiert, er sagt vielmehr, er habe ihn zu ihr aufgereizt oder verführt; man vergleiche damit die Formulierungen der Anordnung einer legitimen Zählung in Num 1.1ff.; 26.1ff.; Ex 30.11ff. ! Wir sollen offenbar verstehen : JHWH verführte David zu einer illegitimen Zählung, zu der der König nicht ermächtigt war, siehe oben S. 16-18.

Ein solcher Zensus, den sich der König herausgenommen hatte, kann nun freilich auf seinen Herrscherehrgeiz oder auf seinen Wunsch zurückgehen, den Krieg selbstherrlich und machtbewusst neu zu organisieren. Ferner beruht die Tatsache, dass die Volkszählung JHWHs Hoheitsrecht ist, auf der Natur des Volkswachstums, das als Leben und Vitalität tatsächlich JHWHs Eigentum ist und als sein Besitz auch nur von ihm inventorisiert werden darf. Die angegebenen Gründe treffen somit alle Richtiges, doch liegt die Ursache für die Schuld der Zählung streng formell genommen in Davids Usurpation der Befugnis, das Volk zu zählen, denn dieses Recht steht allein JHWH als dem Urheber von Leben und Bevölkerungswachstum, sowie demjenigen zu, den JHWH zur Zählung bevollmächtigt.

Dass die Volkszählung deshalb eine Sünde war, weil sich der König ein Hoheitsrecht JHWHs angemasst hat, ist nicht nur die Grundlage von FLAVIUS JOSEPHUS' Deutung (siehe oben). Kirchenväter und moderne Ausleger sind ihm darin gefolgt.

So können wir den ganzen Gedankengang dieser Anm. lapidar mit AUGUSTINUS' Worten zusammenfassen : "Quid est quod ait : si acceperis conputationem filiorum Israhel in visitatione eorum (Ex 30.12), nisi quia iubet eos aliquando visitari et conputari, id est numerari ? Quod in David propterea vindicatum intelligendum est, quia deus non iusserat", AUGUSTINUS, S. 132, LL. 2163-2167 : Gott ordnet legitime Zählungen bisweilen an; eine unbefugte Zählung dagegen ist ein Uebergriff auf Gottes Recht. Ebenso DHORME (1910), S. 441, MEDEBIELLE, S. 558.

27. Darauf weisen CORNELIUS a LAPIDE, S. 597, col. a, KEIL, S. 390 hin; doch begründet ja Joab seinen Einwand überhaupt nicht, wohl aus der Zurückhaltung, die sich ein Untergebener dem König gegenüber auferlegen muss. Er argumentiert nicht, sondern stellt nur die vieles andeutende Frage, warum eine solche Zählung nötig sei ? V. 1f. setzt voraus, JHWH habe den Zensus nicht angeordnet, denn eine Aufstachelung kann man nicht eine die Zählung autorisierende Anordnung nennen. So ist es wohl die Illegitimität einer Zählung, die ohne JHWHs rechtskräftiges Geheiss erfolgt, die Joabs Opposition weckt.

28. Der Zusammenhang zwischen 2 Sam 21 und 24 wird in fast allen Kommentaren festgestellt und gewürdigt : 2 Sam 24.1 scheint auf 2 Sam 21.1 zurückzuweisen, 2 Sam 24.25 tut die gleiche Aussage wie 2 Sam 21.14, und die Thematik (Schuld des Königs, die auf das Volk übergreift, und die durch den König behoben wird) ist in beiden Erzählungen verwandt oder doch mindestens vergleichbar. Ferner stellen die Kapitel 2 Sam 21 -24 einen nach einem bestimmten Plan angeordneten Anhang zur Geschichte Davids dar. Dazu vgl. neben den Kommentaren z. B. B.S. CHILDS, Introduction to the Old Testament as Scripture (Philadelphia 1979) 273-275.

29. Zu diesem Ausdruck siehe oben Anm. 5.

30. Das Irrationale und Nicht-Ethische an JHWHs Wesen, das hier zum Vorschein komme, betonen etwa BUDDE, S. 328, KLOSTERMANN, S. 254, G. HOELSCHER, Geschichte der israelitischen und jüdischen Religion (Giessen 1922) 85f., B. STADE, Biblische Theologie des Alten Testaments. 1. Bd. Die Religion Israels und die Entstehung des Judentums (Grundriss der theol. Wissenschaften 2, 2) (1. u. 2. Aufl.) (Tübingen 1905) 88-92 u.a. Richtig ist an dieser Beobachtung, dass der Grund für JHWHs Zorn nicht genannt wird. Offenbar ist es für den Erzähler (im Unterschied zu 2 Sam 21 !) hier nicht wichtig, den Grund zu nennen, der JHWHs Zürnen veranlasst hat; das braucht aber nicht zu bedeuten, es sei ein unmotivierter Zorn gewesen. (Dies betonte mit Temperament, aber nicht immer mit ganz schlagenden Argumenten E. KOENIG, Theologie des Alten Testaments kritisch und vergleichend dargestellt (3. u. 4. Aufl.) (Stuttgart 1923) 173-176.)

JHWHs Zorn ohne Angabe des Grundes auch 1 Sam 2,25; 2 Sam 15.25f.; 16.10-12, vgl. CASPARI, S. 662, Anm. 5. Die Väterexegese hat sich eingehend mit den mutmasslichen Ursachen von JHWHs Zorn gegen Israel beschäftigt, z.B. THEODORET, Quaestio 45 in II Regum, S. 449-454, ANGELOMUS, c. 387D, RHABANUS MAURUS, c. 120B.

31. Es ist von V. 19 nur der für den Vergleich mit 2 Sam 24.1 belangvolle Ausschnitt wiedergegeben.

32. Siehe zu den Motiven Davids für die Zählung und zu deren militärischen Zielen Anm. 26.

33. THEODORET, Quaestio 45 in II Regum, S. 450 : "...πρόφασις ἦν τῆς τιμωρίας (sc. des Volkes Israel) ὁ γενόμενος ἀριθμός" (sc. die durch David veranlasste Volkszählung); ebenso KLOSTERMANN, S. 254, BUDDE, S. 328, u.a. Zu 2 Sam 24.1 siehe auch Ex 32,10, vgl. unten Anm. 68.

34. Das ist der von David gebrauchte Ausdruck (נסכלתי), der auch in 1 Sam 13.13 für Sauls Sünde verwendet wird (ferner erscheint er in diesem Sinn und in diesem Verbalthema in der Parallele von 1 Chr 21.8 sowie in 2 Chr 16.9), sonst ist er im A.T. nicht weiter bezeugt. Im Kausativthema erscheint das Verbum in derselben Bedeutung "töricht handeln, sich verfehlen" in Gen 31.28 und in 1 Sam 26.21. Im Intensivstamm (2 Sam 15.31; Jes 44.25) nimmt die Bedeutung eine andere Färbung an. Damit sind alle Stellen mit diesem Verb im A.T. genannt.
Die Wendung "da schlug ihn das Herz" kommt im A.T. nur noch an einer andern Stelle vor, nämlich in 1 Sam 24.6, ebenfalls in Verbindung mit אחרי כן, freilich dieser letztere Ausdruck in anderer syntaktischer Konstruktion.
In diesem Zusammenhang verdient auch die Wortwahl von V. 1 הסית "בפ" את בפ" mit JHWH als Subjekt Beachtung : sie erscheint so nur noch in 1 Sam 26.19 ! Die gleiche Konstruktion, aber mit einem andern Subjekt als JHWH, findet sich im A.T. nur noch in Jer 43.3; Ijob 2.3.
Der einzige Ort, wo der Prophet Gad erwähnt wird, von 2 Sam 24 und 1 Chr 21 (sowie 1 Chr 29.29; 2 Chr 29.25) abgesehen, befindet sich in 1 Sam 22.5.
Es fallen so Berührungen einiger geprägter, inhaltlich belangvoller Wendungen und Namen dieses Kapitels mit Parallelen in 1 Sam auf.

35. JOSEPHUS FLAVIUS und die patristische Auslegung haben die Wahl Davids genau umgekehrt interpretiert : David wähle gerade jene Strafe, vor der es auch für den Mächtigsten kein Entrinnen gibt, nämlich die Pest, siehe die Belege oben in Anm. 10 ! Diese Auslegung deutet V. 14 im Lichte von V. 17; sie setzt überdies das Verständnis der LXX voraus. — In verwandter Weise

meinte auch von RAD, David habe die schwerste Strafe für sich gewählt, siehe oben Anm. 2a.

36. Auch diese Versöhnlichkeit Gottes haben die Väter hervorgehoben, siehe AMBROSIUS, Explanatio Ps 37, S. 147, Z. 5-14, S. 148, Z. 16-21; THEO-DORET, Queastio 45 in II Regum, S. 452 : οὕτως ὁ φιλάνθρωπος Κύριος μείζοσι μὲν κέχρηται ταῖς ἀπειλαῖς ... πολλῷ δὲ τῶν ἀπειλῶν ἐλάττους ἐπιφέρει τὰς τιμωρίας.

37. Vgl. Jo. CHRYSOSTOMUS, Ep. ad Rom. Hom. 29, Sp. 658f.

38. AMBROSIUS, Explanatio Ps 37, S. 147, Z. 15f., 19-22 : quando vult dominus ignoscere, dat gratiam et fiduciam deprecandi... si mandaverat dominus angelo ut parceret, quomodo feriebat adhuc angelus, nisi quia dominus, etsi vult ignoscere, vult rogari et ut rogetur operatur ?

39. Vgl. BUDDE, S. 327 Mitte.

40. Siehe oben Anm. 12.

41. Seltsamerweise schenken die meisten Erklärer diesen zeitlichen Daten der Erzählung keine Aufmerksamkeit, vgl. immerhin KLOSTERMANN, S. 259. Dies hängt wohl damit zusammen, dass sich die zeitlichen Einschnitte in V. 11, 15 und 18 finden, von denen die beiden ersten oft korrigiert werden, sodass die Zeitmarken der korrigierenden Spitzhacke zum Opfer fallen.

42. Das ist die Ansicht BARTHELEMYs (1976), S. 284 und (1982) ad loc. Der unverderbte Text ist durch die antiochienische Form der LXX bezeugt : "und sie machten den Anfang von Aroer und von der Stadt aus...".

43. Auch hier ist der MT verderbt, siehe ebd. Die ursprüngliche Lesart scheint zu sein : "und zum Land der Hetiter, Kadesch".

44. Z.B. BUDDE, S. 330f.

45. Zur spezifischen Aufgabe der Textkritik und zu ihrer Unterscheidung von der Literarkritik siehe J. SANDERS, Text and Canon : Concepts and Method, in : JBL 98 (1979) 5-29; D. BARTHELEMY, Problématique et tâches de la critique textuelle de l'Ancien Testament hébraïque, in : Etudes d'histoire du texte de l'Ancien Testament, OBO 21 (Fribourg-Göttingen 1978) 365-381. — Die literarkritischen Zerlegungen der Erzählung, wie sie etwa bei FUSS od. RUPPRECHT u. früher bei BUDDE u. andern vorgeschlagen werden, beruhen auf so vielen bloss möglichen, aber nicht zwingenden Annah-

men, dass sie m.E. unbefriedigend bleiben, ja fast das Gegenteil plausibel machen : nämlich dass die Erzählung einheitlicher ist, als es zuerst scheinen wollte.

46. Oder man kann die Konstruktion erklären wie KEIL, S. 394 u. BUDDE, S. 331 : V. 11a ("und es stand David am Morgen auf") = 1. Hauptsatz; V. 11b-12 Ende ("und das Wort JHWHs...") = eingeschobener Umstandssatz; V. 13 ("da kam Gad...") = Folge- oder 2. (konsekutiver) Hauptsatz, der sich über den Umstandssatz hinweg an V. 11a anschliesst. Eine Parallele, auf die KEIL und BUDDE freilich nicht selber hinweisen, für diese Konstruktion wäre Gen 1.1-3 : V. 1 = 1. Haupt- oder Titelsatz; V. 2 = eingeschobener Umstandssatz; V. 3 = Folge- oder 2. (konsekutiver oder explizitierender) Hauptsatz.

47. Siehe oben Anm. 15.

48. So z.B. JEREMIAS, S. 68; vorher schon WELLHAUSEN, S. 218, der dieses Bekenntnis von V. 10b eine "Ausmalung von v. 10a, welche der natürlichen Entwicklung der Dinge ungeduldig vorgreift" nennt, ferner BUDDE, S. 330, SMITH, S. 390, FUSS, S. 156.

49. Dazu siehe oben Anm. 17 und 20.

50. So AMBROSIUS, Apologia I, 7, 38, S. 323, Z. 9-12, GREGOR d.Gr., Moralia in Job, 9, 16, PL 75, c. 872f.

51. Zu dieser Fürbitte Moses, die eine Sühne ist (V. 30), darf ich verweisen auf A. SCHENKER, Versöhnung und Sühne. Wege gewaltfreier Konfliktlösungen im Alten Testament; mit einem Ausblick auf das Neue Testament (Biblische Beiträge 15) (Freiburg/Schweiz 1981) 90-93.

52. Genau gesprochen sind die Vielen, nämlich Israel, in 2 Sam 24 nicht unschuldig, aber die Erzählung setzt voraus, dass sie im Bewusstsein des Königs unschuldig sind, da er von ihrer Schuld (V. 1) nichts weiss. Davids Wort in V. 17 geht von dieser Prämisse aus, er, der König, sei allein schuldig, während die Israeliten unschuldig seien, aber von der Strafe getroffen würden, die seine Schuld ihnen eingetragen habe.
V. 1 wird so in seiner Absicht verständlich : die Strafe, die Israel schlägt, fällt nicht auf Unschuldige, obgleich diese selbe Strafe gleichzeitig auch die Ahndung des Vergehens Davids ist. Der König sieht sie nur als Strafe seiner eigenen Verschuldung an; der Leser der Erzählung dagegen sieht die Doppelfunktion dieser einen Strafe, die zugleich die Schuld Israels und das Vergehen Davids ahndet. (Es ist das Anliegen von THEODORET, Quaestio 45 in Regum, S. 449-451, zu zeigen, dass Israel, selbst schuldig geworden (S. 449f.), durch das Mittel der Zählung Davids bestraft werden soll. Ebenso

bei PROKOP v. Gaza, c. 1144.) GREGOR d. Gr., Moralia in Job XXV,16, 35, PL 76, c. 344B-C, begründet Davids Sünde als Folge der Schuld Israels : saepe pro malo gregis etiam vere boni delinquat vita pastoris... secundum meritum plebium disponuntur corda rectorum.

Manche Kommentatoren betrachten diese doppelte Funktion der einen Strafe, der Epidemie, als nicht ursprünglich und daher als Indiz für die komposite Natur der Erzählung, so FUSS, S. 156, Traduction Oecuménique de la Bible, S. 612, Anm. g.

53. Vielleicht gehört auch Ex 34.6f. in den Umkreis dieser Texte, da hier ebenfalls in quantitativer Weise das Verhältnis zwischen JHWHs Belohnung des Guten und seiner Bestrafung des Bösen als eine Proportion von 1000 : 3 (oder 4) Generationen bestimmt wird. Verwandt mit 2 Sam 24.1 ist insbesondere auch Ex 32.10 (Provokation einer Fürbitte Moses mit Hilfe einer Verführung Moses durch JHWH), siehe unten S. 43 mit Anm. 68 !

54. Siehe zu Gen 18.16-33 WESTERMANN, Genesis II, 344-357. W. datiert diesen Text in nachexilische Zeit. Er ordnet den Abschnitt ferner in die geistesgeschichtlichen Zusammenhänge des A.T. ein, ohne aber 2 Sam 24 zu erwähnen. Bei W. auch ausführliche Lit.

55. Da dieser Gedanke auch hinter Jer 15.1 steht, handelt es sich vielleicht um eine Anklagefigur der Propheten um die Zeit der grossen Katastrophe von 587. Zu Ez 14.12-20 vgl. W. ZIMMERLI, Ezechiel 1-24, BK XIII/1 (Neukirchen-Vluyn 1969) 315-324.

56. Esr 3.3 betont, der Altar sei auf den Fundamenten des alten, d.h. davidischsalomonischen Altars wieder aufgeführt worden.

57. Die Kommentare äussern sich naturgemäss vorsichtig oder überhaupt nicht zur Datierung. CASPARI, S. 662 denkt an die mittlere Königszeit für die Erzählung ohne Zusätze, NOWACK, S. 257 nennt die Zeit der geteilten Reiche, FUSS, S. 161 hält die von ihm als ursprünglich herausgeschälte Erzählung für davidisch-salomonisch.

58. Zur Datierung von 1 Chr vgl. RUDOLPH, S. X.

59. Levi und Benjamin werden nicht gezählt, wohl wegen Num 1.49 für Levi und wegen des Heiligtums im benjaminitischen Gibeon, so RUDOLPH, S. 145; Erörterung der Frage mit einer eigenen, sehr hypothetischen Lösung (statt Levi stand ursprünglich Juda) bei MOSIS, S. 108-110. – Bei MOSIS, S. 104-116, ein ausführlicher Vergleich zwischen 2 Sam 24 u. 1 Chr 21. MOSIS verneint, dass 2 Sam 24 der ἱερὸς λόγος des Jerusalemer Heiligtums gewesen sei. Erst 1 Chr 21 habe die reine Sühneerzählung von 2 Sam 24 zur Grün-

dungsgeschichte des Tempels Salomos gemacht. Ihm widerspricht RUPP-RECHT, S. 5-17, der freilich m.E. sehr spekulativ eine Vorform der Erzählung 2 Sam 24 rekonstruiert. — Dass der Erzähler von 2 Sam 24 nicht an den Jerusalemer Tempel gedacht habe, während er seine Geschichte erzählt, die einen Altarbau und eine Liturgie ja gerade auf dem Platze dieses Tempels im Mittelpunkt des Geschehens hat, scheint mir völlig unwahrscheinlich ! Jedermann musste aus der Natur der Erzählung verstehen, dass es um die Anfänge und Ursprünge des Jerusalemer Heiligtums ging.

60. Diskussion bei WILLI, S. 155f.

61. WILLI, S. 155 mit Anm. 180; vgl. ferner BUDDE, S. 328; RUDOLPF, S. 142; FUSS, S. 151, usw. Siehe überdies unsere kritische Frage, ob ein solches Bild Gottes auch in 2 Sam 24.1 vorhanden ist, demnach JHWH als agent provocateur David zu einem für Israel verhängnisvollen Fehler verleitet habe, oben S. 19f. !

62. Eine andere als die im folgenden vorgeschlagene Lösung bei WILLI, S. 155f. : Der Chronist erkläre 2 Sam 24.1 im Lichte von Sach 3.1,4 u. bes. Ijob 2.3. Dass der Chronist 2 Sam 24.1 im Lichte anderer biblischer Stellen erklären möchte, scheint mir eine richtige Beobachtung, die ich mir aneigne. Aber der Hinweis auf die beiden Stellen überzeugt nicht : in Sach ist Satan Josuas Ankläger, vor dem JHWH ihn schützt. Der Satan ist kein Versucher des Hohenpriesters Josua gegen Israel; er verleitet ihn nicht zu Bösem, um das Volk zu verderben. In Ijob ist es Gott, den der Satan gegen Ijob aufreizt oder verleitet. Die Situation in 1 Chr 21.1 ist anders : da ist es Satan, der David aufstachelt, um Israel zu schaden. In Ijob ist somit die verführte Person Gott, in 1 Chr 21 David; in Ijob richtet sich die Verleitung Gottes durch Satan als Aggression gegen Ijob, in 1 Chr 21 richtet sich die Verleitung des Königs durch Satan gegen Israel. Man kann also nicht mit WILLI, S. 156, sagen, der Satan sei in Ijob oder in 1 Chr 21 das Mittel, dessen sich der Zorn JHWHs bediene, "eine Verdeutlichung, die den Zorn Gottes... in seiner Tragweite und Bedeutung verständlich machen... sollte", um jemanden zu verderben. An beiden Stellen trifft dies nicht zu. (In Ijob müsste man sagen, Gott sei das Mittel, dessen sich der Zorn Satans bedient !) Damit soll jedoch nicht geleugnet werden, dass im Vokabular des Chronisten Anleihen aus Sach und Ijob deutlich erkennbar sind.

63. Zum Pentateuch als Quelle der Paralipomenen siehe RUDOLPH, S. XIVf.

64. Schon A.B. EHRLICH, Randglossen zur hebräischen Bibel. Textkritisches, Sprachliches und Sachliches, II (Leipzig 1909) = (Hildesheim 1968) 155 (zu Num 13.2) erklärt die Einführung Satans an Stelle JHWHs durch den Chronisten auf diese Weise, siehe Bd. VII, S. 347.

65. Das Bild Satans als eines Feindes des Menschen, als eines Betrügers und Ver-
leiters mag auf Texte zurückgehen wie 1 Kö 22.22f. (פתה "verführen"),
Ijob 1-2, Sach 3.1-4, wohl auch Gen 3.1-5, aber nicht im Sinne WILLIs
(siehe oben Anm. 62) als eine spezifische Anleihe des Chronisten von Sach
3.1 u. Ijob 2.3, sondern als eine allgemeine Vorstellung. Denn zwischen
Sach 3.1-4; Ijob 2.3 und 1 Chr 21.1 sind die Unterschiede zu gross, als dass
man von derselben spezifischen Idee auf beiden Seiten sprechen könnte.
WILLI, S. 156, hat auf die Formulierung von 1 Sam 24.1 hingewiesen, die
1 Chr 21.1 vorbereitet (der Zorn JHWHs, nicht JHWH verleitet David zur
Sünde der Zählung !).
Jedermann behandelt hier das unartikulierte "Satan" als Eigenname, z.B.
ROTHSTEIN-HAENEL, S. 377, RUDOLPH, S. 143, usw. Ich frage mich,
ob dies notwendig ist. Warum soll die Wiedergabe "ein Satan, ein Widersacher" hier nicht möglich sein ? Im Hinblick auf 1 Kö 22.22f. ist das jedenfalls nicht auszuschliessen, und die Gestalt eines Satans in ihrer Unbestimmt-
heit passt ja auch zu der Tatsache, dass "Satan" nur hier im Werk des Chronisten vorkommt. Eine Dämonologie, ein System, in dem "Satan" einen
festen Platz hätte, gibt es somit im Werk des Chronisten gar nicht ! Uebrigens ist schon ABRAVANEL. siehe Anm. 88 u. und S. 53, der Ansicht,
es handle sich hier nicht um *den* Satan, sondern um einen von Gott gesandten
Bestrafer Israels, Engel oder Mensch.

66. THENIUS, S. 285 "Uebrigens ist Reizung zur Sünde, die Erweckung eines
sündlichen Gedankens, noch nicht Nöthigung dazu." Zwischen Davids
Wunsch zum Zensus, der von JHWH stammt, und der eigenmächtigen Ausführung steht der eigene Entschluss des Königs, ohne Billigung JHWHs zur
Musterung zu schreiten.

67. Der Vorgang in 1 Chr 21.1 gleicht in seiner Struktur in allem der Versuchung
von Gen 3.1-6, 14, wenngleich die Terminologie verschieden ist : ein indeter-
minierter Verführer, der in feindseliger Absicht eine Gemeinschaft (Mann
und Frau, d.h. die Gemeinschaft der Menschen in Gen, Israel in 1 Chr)
schlagen will und zu diesem Behufe einen Vertreter der Gemeinschaft (Eva;
den König) verführt, durch den das Unheil wie durch eine geschlagene Bre-
sche auf die ganze Gemeinschaft übergreift (auf das Menschenpaar und auf
seine gesamte menschenfreundliche Umwelt in der Gen, auf Israel in 1 Chr).
Deshalb ist Gen 3.1-6, 14 wohl ebenfalls ein Passus, in dessen Licht der
Chronist 2 Sam 24 verdeutlichen wollte, stärker noch als die von WILLI
(S. Anm. 62) genannten Stellen. Denn es kommt doch wohl nicht nur auf
das Vorkommen gleicher Wörter (Satan) an, sondern auch auf die Verwandtschaft der Vorstellungen.

68. 2 Sam 24.1 gleicht hierin der Stelle in Ex 32.10, wo JHWH Mose durch einen
scheinbaren Vorschlag blenden will, um ihn daran zu hindern, durch seine

Fürbitte Israel mit ihm, JHWH, wieder zu versöhnen. Dieser Vorschlag, aus Mose ein grosses Volk an Stelle des Volkes Israel zu machen, trägt alle Zeichen einer Verführung an sich, denn er ist für JHWH keine echte Möglichkeit, wie Moses Argumente (V. 12f.) eindeutig erweisen. Die Funktion dieses Scheinvorschlages, der den Namen Verleitung verdient, ist die Testung des Fürbitters : Ist er imstande, der Blendung einer für ihn verlockenden Möglichkeit zu entgehen, die ihn an der Versöhnung Israels mit JHWH verhindern würde ?

Diese Struktur ist Ex 32.10 und 2 Sam 24.1 gemeinsam : 1. JHWH legt vor den Repräsentanten seines Volkes Israel (Mose, David) eine verlockende scheinbare Möglichkeit. 2. Aufgabe des Vertreters Israels ist es erstens, die Unmöglichkeit und Gefährlichkeit des Vorschlags JHWHs zu erkennen und ihn als Störfeuer beiseite zu schieben, und zweitens die Rolle des Anwaltes Gottes gegen Gott selbst zu übernehmen, d.h. Gott auf die verderblichen Folgen seines verleitenden Ansinnens aufmerksam zu machen. (Siehe dazu schon die feinen Beobachtungen GREGORs d.Gr.,Moralia in Job 9,16 (13), 23, ed. M. ADRIAEN, CC 143 (Tournhout 1979) 473, 22-479,30 : omnes enim sancti qui irae Dei obviant ab ipso accipiunt ut contra impetum percussionis eius opponantur, atque, ut ita dixerim, cum ipso se erigunt contra ipsum; eosque divina vis sibi opponit secum, quia in eo quod adversum se saevientis iram foris obtinent, intus eos gratia irascentis fovet... portat ergo contradictionem deprecantium quam aspirat; et velut nolenti imponitur, quod ab ipso ut fiat imperatur.) In einem Wort : die Verführung provoziert die entschiedene Identifizierung des Beauftragten mit seiner ursprünglichen Sendung, da er die Unmöglichkeit oder Gefährlichkeit des Scheinvorschlages unbestechlich erkennt. Bei Mose hatte die Verlockung JHWHs dieses Ergebnis, während David die Bewährungsprobe nicht bestand : da ihn die Gefahr für sein Volk kalt liess, fiel er der Verleitung durch JHWH zum Opfer.

69.   Zur Glättung gehören vielleicht auch die drei statt der sieben Jahre Hungersnot in 2 Sam 24.13. In Chr (und in LXX in 2 Sam 24.13 und 1 Chr 21. 12 !) stehen somit drei mal drei, eine so hübsche, runde Gruppe, dass die meisten Exegeten ihrem Charme erliegen und 2 Sam 24.13 im Sinne der Angleichung an 1 Chr 21.12 korrigieren, so sehr, dass selbst Franz ROSENZWEIG und Martin BUBER in ihrer Uebersetzung stillschweigend aus sieben drei Jahre Hungersnot werden lassen (Bücher der Geschichte verdeutscht von Martin BUBER gemeinsam mit Franz ROSENZWEIG [Köln-Olten 1955] 327) ! So stark triumphiert bis heute das Bedürfnis nach Symmetrie, dem der Chronist als erster stattgab, über die sonst dem TM geschenkte Treue. (BUBER-ROSENZWEIG hangen übrigens hier wie auch sonst vielleicht von EHRLICH, S. 344 ab, der der "drei" ebenfalls nicht widerstehen konnte.) Vgl. dazu BARTHELEMY (1976), S. 286 und BARTHELEMY (1982) ad loc.

ABRAVANEL, siehe Anm. 86, ad loc. zeigt in seiner Exegese, aus welchen Gründen man drei den sieben Jahren vorzieht.

Glättend und den logischen Zusammenhang herstellend sind auch die Erwähnungen des Schwertes JHWHs, des Würgeengels und des Gesamtterritoriums Israels in 1 Chr 21.12, da sie VV. 14ff. vorbereiten.

70. Vgl. 1 Chr 21.15 mit 2 Sam 24.16 : der Engel wird zuerst nach Jerusalem gesandt (nachdem er in V. 12 schon vorsorglich angekündigt worden war), dann sieht ihn JHWH verderben, und dies bringt ihn zur Gesinnungsänderung. In 2 Sam 24.16 ist die Ausdrucksweise brüsk : der Engel ist da, man weiss nicht woher; man steht in Jerusalem; Gott redet ihn an, bevor der Engel noch etwas anderes tun konnte als seine Hand gegen Jerusalem ausstrecken.

Ferner vernimmt man in 2 Sam 24.17 in einem Nebensatz, David habe den Würgeengel erblickt, während 1 Chr 21.16 die Vision Davids für sich schildert.

Schliesslich fasst der Chronist das zweite Sündenbekenntnis Davids (V. 17) gegenüber 2 Sam 24.17 viel genauer.

Die Kommentare ändern den Text von 2 Sam 24.15-17 vielfach oder betrachten ihn als verderbt. Abgesehen von kleineren Verderbnissen scheint er zwar hart und lakonisch, aber in seiner Substanz gesund, denn unverständlich ist er nicht, siehe dazu oben S. 34 , vgl. ferner BARTHELEMY (1976), S. 286f. und BARTHELEMY (1982) ad loc.

71. Vgl. zum Engel z.B. RUDOLPH, S. 145f., ROTHSTEIN-HAENEL, S. 377, 380-383.

72. V. 18f. erklärt, wie David von JHWHs Gesinnungswandel erfuhr : durch den von JHWH angeredeten Engel selbst, der seinerseits zu Gad gesprochen hatte. 2 Sam 24.18f. ist weniger präzise.

V. 20 erklärt, warum Ornan bereit ist, die Tenne zu verkaufen, siehe dazu RUDOLPH, S. 146f., sowie Ornans Anwesenheit auf der Tenne.

V. 23 : die darzubringenden Gaben sind spezifizierter als in 2 Sam 24.23.

V. 22,24f. : David bezahlt einen vollen Preis.

V. 27 manifestiert ausdrücklich das durch die Liturgie herbeigeführte, besiegelte Ende der Pest : der Engel steckt sein Schwert in die Scheide. Dadurch wird der logische Zusammenhang zwischen JHWHs Reue und der Beendigung der Epidemie klar (V. 15-27) : JHWHs Reue gewährt ein Zeichen der Vergebung, nämlich Altar und Opfer, auf das hin die Vergebung erfolgen wird. David setzt das versöhnende Zeichen, und JHWH löst sein Versprechen ein. Der Chronist bewahrt hier die mit dem Engel gegebene grössere Anschaulichkeit; die Idee ist dieselbe wie in 2 Sam 24 (siehe oben S.12-16).

73. Vielleicht ist diese betonte göttliche Bezeichnung der Stätte des Altars und Heiligtums in Jerusalem gegen die Samaritaner gerichtet, ROTHSTEIN-HAENEL, S. 376f.

74. ROTHSTEIN-HAENEL S. 392f., hält V. 28-30 für einen späteren Zusatz. Dagegen RUDOLPH, S. 148f.

75. Zur LXX von 2 Sam 24 vgl. D. BARTHELEMY O.P., Les devanciers d'Aquila. Première publication intégrale du texte des fragments du Dodécaprophéton trouvés dans le désert de Juda, précédée d'une étude sur les traductions et recensions grecques de la Bible réalisées au premier siècle de notre ère sous l'influence du rabbinat palestinien, VTS X (Leiden 1963) 91-143. Zum Alter der LXX von 2 Sam 24 siehe S. JELLICOE, S. 67f., 90f. : gegen Ende der vorchristlichen Zeit (1. Jhdt.).

76. Ich sehe von der Aenderung : drei (statt sieben in MT) Jahre Hunger in V. 13 ab, siehe dazu oben Anm. 69. Diese Aenderung entspringt dem Wunsch nach Angleichung und Symmetrie.

77. Oben Anm. 3.

78. Der Chronist hatte die Identität von Moses Heiligtum mit Davids Neugründung unterstrichen (1 Chr 21.29-22.1) (Kontinuität mit der Vergangenheit); LXX heben sie mit dem Altar Salomos (1 Kö 8) hervor (Kontinuität mit dem Künftigen).

79. Siehe H. St. J. THACKERAY-R. MARCUS, Josephus. Jewish Antiquities, Books V-VIII (London-Cambridge, Mass. 1966) 530-540; in synoptischer Anordnung mit den biblischen Texten bei VANNUTELLI, S. 130-145. JOSEPHUS folgt in seiner Wiedergabe weder ausschliesslich den LXX (bei ihm dauert z.B. der Hunger sieben Jahre, VII, 321) noch dem MT (die Epidemie dauert bis zum Mittagessen, VII, 326; David wählt ausdrücklich die Pest, VII, 323). Die Septuaginta JOSEPHUS' ist die lukianische, d.h. die alte, antiochenische Septuaginta, dazu siehe BARTHELEMY (s. Anm. 75), S. 139-143.

80. Versteht man JOSEPHUS' Interpretation von Davids Sünde als Missachtung von JHWHs Hoheitsrecht über das Volk, so entspricht sie durchaus der Absicht der biblischen Verfasser von 2 Sam 24 und 1 Chr 21, siehe oben S.16ff.

81. Siehe oben in Anm. 10 die Gunst, die diese Deutung der Wahl Davids in der späteren Exegese genoss.

82. Aehnlich, aber noch kräftiger, als der Chronist betont JOSEPHUS den Zusammenhang des Altarbaues Davids auf Araunas Tenne mit dem späteren salomonischen Tempel (VII, 334), und er verbindet diesen Ort auch mit dem Berge Morija, auf dem Isaaks Opferung stattgefunden hatte (VII, 333). Darin nimmt er eine chronistische Ueberlieferung auf, die an anderer Stelle steht (2 Chr 3.1). Durch solche haggadische Verbindungen entsteht ein

heilsgeschichtlicher Zusammenhang, in dem die einzelnen Geschehnisse und Erzählungen nicht voneinander isolierte Monaden, sondern Momente eines grossen übergreifenden planmässigen Geschehens sind.

83. RASCHI (1040-1105), RADAQ (1160-1234) und RALBAG (1288-1344) werden nach dem Miqraot gedolot zitiert; JESCHAJA von TRANI (floruit 13. Jhdt.) in der Ausgabe R. ABRAHAM JOSEPH WERTHEIMER, Commentary : Rabbi Isaiah da Trani the First on Prophets and Hagiographa, vol. 3 (Jerusalem 1978) 77f.

84. Unveröffentlichter arabischer Kommentar der Samuelbücher in einer Hs in Privatbesitz. Das Floruit JEPHET BEN ELIs ist im 10. Jhdt.

85. Benützt sind die Ausgaben : M. FRIEDMANN, Pesikta Rabbati, Midrasch für den Fest-Cyclus um die ausgezeichneten Sabbathe... (Wien 1880) = (Tel Aviv 1963) 43a-b; SCHIMEON EPPENSTEIN, Pirusche Rabbi Josef Kara li-nebi'im rischonim (Jerusalem 1972) 102f. Josef KARA ist um 1060-1070 geboren und lebte in Troyes.

86. ABRAVANEL (1437-1508) wird hier wie folgt angeführt : Pirusch al nebi'im rischonim (Jerusalem 1955) 409-421. Die Abhandlung über die Veranlassung von JHWHs Zorn in V. 1a steht auf S. 414-416 (הלמוד השלישי). Merkwürdigerweise zitiert ABRAVANEL die Meinung des Midrasch Pesiqta Rabbati als die Ansicht eines nicht-jüdischen Gelehrten, die abgelehnt werden müsse. ABRAVANEL entwickelt bei dieser Diskussion die Idee der Herrscherstrafe (siehe oben Anm. 5) : der König wird in seinem Volke bestraft !

87. RAMBAN (1194-1270) äussert sich zu 2 Sam 24.1 in seinem Kommentar zu Num 16.21 (קרח), hier zitiert nach H.D. CHAVEL, Pirusche ha-tora le-rabbenu Mosche Ben Nachman (RAMBAN), t. 1 (Jerusalem 9/1976) 261f. Auch diese Vermutung RAMBANS verwirft ABRAVANEL.

88. Wie nach WILLI, S. 155f. der Chronist, so identifiziert ABRAVANEL in 1 Chr 21.1 Satan mit dem Zorn Gottes, denn dieser Zorn ist nach A. der Abgesandte Gottes, identisch mit dem Würgeengel. A. erwägt als andere Möglichkeit, Satan mit Scheba Ben bichri in eins zu setzen. Auf jeden Fall ist er ein Abgesandter und ein Werkzeug Gottes, um Israel zu strafen, nicht jedoch "der Satan".

89. RASCHI begründet das Gebot von Ex 30.12 damit, dass beim Zählen von Personen das böse Auge Schaden anrichtet, den das Gebot dadurch ausschaltet, dass jede zu zählende Person einen Halbschekel erlegt; statt dass die Personen gezählt werden, zählt man die erlegten Halbschekel. So umgeht das Gebot durch eine List die Notwendigkeit, Personen durch Zählung dem bösen Auge auszusetzen.

Indem David es versäumte, das Kopfgeld der Bevölkerung anstatt die Personen zu zählen, provozierte er das böse Auge und in seinem Gefolge die Epidemie, wie RASCHI zu Ex 30.12 ausdrücklich anmerkt.

Das Gebot von Ex 30.12 ist demzufolge ein Schutzgebot für die öffentliche Wohlfahrt. Da David es ausser Acht liess, setzte er sein eigenes Volk der Epidemie aus, die durch das böse Auge hervorgerufen wurde.

ABRAVANEL widmet dieser Interpretation eine ganze Abhandlung (הלמוד הראשון), siehe oeben Anm. 86, wo er zeigen will, dass Ex 30.12 gar kein immer gültiges Gesetz sein will, sondern nur für jene besondere Situation zur Zeit Moses Gültigkeit beansprucht.

90. JESCHAJA von TRANI (Anm. 83), S. 78, kennt auch die Erklärung RASCHIs, man dürfe nicht direkt die Personen (wörtlich die Köpfe) zählen.

91. RADAQ erwägt wie gesagt beide genannten Erklärungen : David hat entweder den Kofär-Preis unterlassen oder unnötigerweise einen Zensus der Bevölkerung angeordnet.

92. An dieser Stelle lehnt RAMBAN seine eigene zu Ex 30.12 gegebene Erklärung eher ab, David hätte bei der Zählung den Kofär-Preis nicht erhoben. RAMBAN streift auch zu Num 1.3 die Möglichkeit, Joab habe gegen Davids Willen die Halbschekelsteuer nicht eingezogen, eine Ansicht, die JEPHET BEN ELI gekannt und bekämpft hatte, da nach VV. 10,17 David persönlich gesündigt haben muss.

93. Der Midrasch steht in S. BUBER, Pesikta, die älteste Hagada... von Rab Kahana (Lyck 1868) 18b.

94. In seinem der Frage gewidmeten Traktat, worin Davids Sünde bestanden habe (הלמוד השני), siehe Anm. 86, wo er auch alle ihm bekannten Interpretationen bespricht.

95. In seinem Kommentar zu Num 1.3, wo RAMBAN übrigens auch eine weitere Hypothese zur Erklärung von Davids Sünde vorbringt, nämlich David habe gegen die Tora schon die Burschen von 13 Jahren an zählen lassen, während die Schrift sie erst von 20 Jahren an zu zählen erlaube (Num 1.3).

96. ABRAVANEL steht natürlich vor der Schwierigkeit, die Wendung "dein Fliehen vor deinen Feinden" (V. 13), die zu David gesagt ist, als eine ausschliesslich das Volk Israel, nicht aber den König persönlich treffende Strafe erklären zu müssen.

97. Also noch in den ersten Morgenstunden : RASCHI, RADAQ (1. Inter-
    pretation), JESCHAJA v. TRANI (2. Interpretation), Josef KARA.

98. RADAQ (2. Interpretation, JESCHAJA v. TRANI (1. Interpretation : bis
    zum Mittagessen !).

99. BBerachot 62b.

100. Pesiqta Rabbati (siehe Anm. 85) 44b.

101. JEPHET BEN ELI nimmt die Schuld des Hauses David wörtlich : die Ange-
     hörigen des Königs hatten ihn zur Volkszählung und damit zur Sünde über-
     redet. Sie tragen eine reale Mitverantwortung an der Schuld des Königs.

102. Siehe oben Anm. 52.

103. Midrasch Tehillim zu Ps 17, Ed. S. BUBER, Midrasch Tehillim... (Wilna
     1891) = (Jerusalem 1976) 126f., deutsch : A. WUENSCHE, Midrasch Tehil-
     lim... (Trier 1892) = (Hildesheim 1967). Die Ueberlieferung wird R.
     TANCHUMA zugeschrieben, dessen floruit um 380 in Palästina ist. Diese
     Tradition auch in Pesiqta Rabbati (siehe Anm. 85) 44b.

Nachtrag :

Nach Fertigstellung des Satzes ist erschienen : F. STOLZ, Das erste und zweite Buch
Samuel (Zürcher Bibelkommentare AT 9) (Zürich 1981) 298-303. Das Hauptaugen-
merk dieses Werkes gilt der Rekonstruktion der Traditionen, die in der Erzählung
miteinander verschmolzen wurden.

Verzeichnis der hauptsächlich benützten Literatur

AMBROSIUS, Apologia — De Apologia David, ed. C. Schenkl, CSEL 32 (Wien-Leipzig-Prag 1897) 297-355.

AMBROSIUS, Explanatio Ps 37 -- Explanatio Psalmorum XII, ed. M. Petschenig, CSEL 64 (Wien-Leipzig 1919) 136-183.

ANGELOMUS — Angelomus Luxoviensis, Enarrationes in Libros Regum, PL 115, cc. 387-392.

AUGUSTINUS — Sancti Augustini Quaestionum in Heptateuchum libri VII, quaestio CXXXIIII, ed. I. Fraipont, CC Series Latina XXXIII (Turnholti 1958) 132.

BARTHELEMY (1976) — Preliminary and Interim Report on the Hebrew Old Testament Project, Vol. 2 Historical Books, ed. Dominique Barthélemy et alii (Stuttgart 1976).

BARTHELEMY (1982) — Dominique Barthélemy, Final Report on the Hebrew Old Testament Text Project, Vol. 2 Historical Books (Fribourg/Switzerland--Göttingen 1982).

BOCHARTUS -- Samuel Bochartus, Hierozoicon sive bipertitum opus de animalibus S. Scripturae (Frankfurt a. M. 1675).

BUDDE — Karl Budde, Die Bücher Samuel (Kurzer Hand-Commentar zum A.T. 8) (Tübingen 1902) 326-336.

CASPARI — Wilhelm Caspari, Die Samuelbücher mit Sacherklärungen versehen (Kommentar zum A.T. 7) (Leipzig 1926) 662-674.

CORNELIUS A LAPIDE -- Cornelius a Lapide, Commentarii in S. Scripturam t. III (Mailand 1858) 595-602.

DAUBE — David Daube, Communal Responsibility, in : Studies in Biblical Law (Cambridge 1947) -- (New York 1969) 154-189.

de VAUX I -- Roland de Vaux O.P., Das Alte Testament und seine Lebensordnungen, Bd. I (Freiburg i.Br. 2/1964).

DHORME (1910) — Paul Dhorme, Les livres de Samuel (Etudes bibliques) (Paris 1910) 441-446.

DHORME (1956) — Paul Dhorme, Deuxième livre de Samuel, in : La Bible, t. 1 L'Ancien Testament (Bibliothèque de la Pléiade) (Paris 1956) 1018-1022.

EHRLICH — Arnold B. Ehrlich, Randglossen zur hebräischen Bibel. Textkritisches, Sprachliches und Sachliches, 3. Bd. Josua, Richter, I. und II. Samuelis (Leipzig 1910) -- (Hildesheim 1968) 343-346.

ERDMANN — Chr. Fr. David Erdmann, Die Bücher Samuelis (Theol.-homiletisches Bibelwerk... hrsg. von J.P. Lange, A.T. 6. Teil) (Bielefeld-Leipzig 1873) 562-575.

FUSS -- Werner Fuss, II Samuel 24, in : ZAW 74 (1962) 145-164.

GREGOR d. Gr., Moralia in Job --- Gregorii Papae I Opera omnia, PL 75-76.

HERTZBERG — Wilhelm Hertzberg, Die Samuelbücher, Altes Testament Deutsch 10 (Göttingen 4/1968) 337-343.

JACOB — B. Jacob, Das erste Buch der Tora, Genesis (Berlin 1934) -- (New York o.J.).

JELLICOE -- Sidney Jellicoe, The Septuagint and Modern Study (Oxford 1968).

JEREMIAS — Jörg Jeremias, Die Reue Gottes. Aspekte alttestamentlicher Gottesvorstellung (Bibl. Studien 65) (Neukirchen-Vluyn 1975) 66-69.

Jo. CHRYSOSTOMUS, Ep. ad Romanos, Hom. 29 — Joannes Chrysostomus, In Epistolas ad Romanos Homilia XXIX, PG 60, cc. 653-662.

KEIL — Carl Friedrich Keil. Die Bücher Samuels (Bibl. Commentar über das A.T., 2. Theil, 2. Bd.) (Leipzig 2/1875) 389-398.

KIRKPATRICK — A. F. Kirkpatrick, The First and Second Books of Samuel in the Revised Version (The Cambridge Bible for Schools and Colleges) (Cambridge 1930) 448-460.

KITTEL — Rud. Kittel, Das zweite Buch Samuel (Die H. Schrift des A.T., hrsg. von E. Kautzsch, Bd. I) (Tübingen 3/1909) 456-458.

KLOSTERMANN — August Klostermann, Die Bücher Samuelis und der Könige (Kurzgefasster Kommentar zu den Heiligen Schriften Alten und Neuen Testamentes, A. A.T., 3. Abt.) (Nördlingen 1887) 254-261.

LEIMBACH — Karl A. Leimbach, Die Bücher Samuel (Die H. Schrift des A.T. III/1) (Bonn 1936) 220-225.

MEDEBIELLE — A. Médebielle, Les livres des Rois (La Sainte Bible L. Pirot-A.Clamer, t. 3) (Paris 1949) 557-561.

MOSIS — Rudolf Mosis, Untersuchungen zur Theologie des chronistischen Geschichtswerkes (Freiburger theologische Studien 92) (Freiburg i.Br. 1973).

NOWACK — W. Nowack, Richter, Ruth und Bücher Samuelis (Handkommentar zum A.T.) (Göttingen 1902) 257-263.

PROKOP v. GAZA — Procopii Gazaei Commentarii in libros Regum, cap. XXII (XXIV), PG 87, pars I, cc. 1143-1145 (der Abschnitt zu 2 Sam 24 bei Prokop v. Gaza ist eine abgekürzte Paraphrase von Theodoret v. Cyrus' Quaestio 45 in II Regum, cap. 24).

RHABANUS MAURUS — Rhabanus Maurus, Commentaria in libros IV Regum, PL 109, cc. 120-124.

ROTHSTEIN-HAENEL — J. Wilhelm Rothstein-Johannes Hänel, Kommentar zum ersten Buch der Chronik (Kommentar zum A.T. 18,2) (Leipzig 1927).

RUDOLPH — Wilhelm Rudolph, Chronikbücher (Handbuch zum A.T. 21) (Tübingen 1955).

RUPPRECHT — Konrad Rupprecht, Der Tempel von Jerusalem. Gründung Salomos oder jebusitisches Erbe? BZAW 144 (Berlin 1975).

SCHENKER — Adrian Schenker, Das Abendmahl Jesu als Brennpunkt des Alten Testaments. Begegnung zwischen den zwei Testamenten — eine bibeltheologische Skizze (Bibl. Beiträge 13) (Freiburg/Schweiz 1977).

SCHULZ — Alfons Schulz, Die Bücher Samuel (Exegetisches Handbuch zum A.T. 8, 2) (Münster i. Westf. 1920) 281-294.

SCRIPTURAE SACRAE CURSUS completus... t. 10, In secundum et tertium Regum libros commentarium (Paris 1838) (dieses Werk, hrsg. von Jean-Paul Migne wird im folgenden nirgends ausdrücklich zitiert, es hat aber als hilfreicher Wegweiser zur patristischen Kommentarliteratur über 2 Sam 24 gedient).

SMITH — Henri Preserved Smith, A Critical and Exegetical Commentary on the Books of Samuel (International Critical Commentary) (Edinburgh 1912) 388-393.

THENIUS — Otto Thenius, Die Bücher Samuelis (Kurzgefasstes exegetisches Handbuch zum A.T.) (Leipzig 2/1864) 285-293.

THEODORET, Quaestio 45 in Regum — B. Theodoreti... Opera omnia, ed. Io. Ludov. Schulze, t. 1 (Halle 1769) 449-454.

TOB — Traduction oecuménique de la Bible (édition intégrale), Ancien Testament (Paris 1975).

VANNUTELLI — Primus Vannutelli, Libri synoptici Veteris Textamenti seu Librorum Regum et Chronicorum loci paralleli I (Rom 1931).

von RAD — Gerhard von Rad. Der Heilige Krieg im alten Israel (Göttingen 5/1969).

WELLHAUSEN — Julius Wellhausen, Der Text der Bücher Samuelis (Göttingen 1871) 216-221.

WESTERMANN 2 — Claus Westermann, Genesis, 2. Teilband Genesis 12-36 (Bibl. Kommentar I/2) (Neukirchen-Vluyn 1981).

WILLI — Thomas Willi, Die Chronik als Auslegung. Untersuchungen zur literarischen Gestaltung der historischen Ueberlieferung Israels, FRLANT 106 (Göttingen 1972).

ORBIS BIBLICUS ET ORIENTALIS

Bd. 19 MASSÉO CALOZ: *Etude sur la LXX origénienne du Psautier*. Les relations entre les leçons des Psaumes du Manuscrit Coislin 44, les Fragments des Hexaples et le texte du Psautier Gallican. 480 pages. 1978.

Bd. 20 RAPHAEL GIVEON: *The Impact of Egypt on Canaan*. Iconographical and Related Studies. 156 Seiten, 73 Abbildungen. 1978.

Bd. 21 DOMINIQUE BARTHÉLEMY: *Etudes d'histoire du texte de l'Ancien Testament*. XXV - 419 pages. 1978.

Bd. 22/1 CESLAS SPICQ: *Notes de Lexicographie néo-testamentaire*. Tome I: p. 1-524. 1978.

Bd. 22/2 CESLAS SPICQ: *Notes de Lexicographie néo-testamentaire*. Tome II: p. 525-980. 1978.

Bd. 23 BRIAN M. NOLAN: *The royal Son of God*. The Christology of Matthew 1-2 in the Setting of the Gospel. 282 Seiten. 1979.

Bd. 24 KLAUS KIESOW: *Exodustexte im Jesajabuch*. Literarkritische und motivgeschichtliche Analysen. 221 Seiten. 1979.

Bd. 25/1 MICHAEL LATTKE: *Die Oden Salomos in ihrer Bedeutung für Neues Testament und Gnosis*. Band I. Ausführliche Handschriftenbeschreibung. Edition mit deutscher Parallel-Übersetzung. Hermeneutischer Anhang zur gnostischen Interpretation der Oden Salomos in der Pistis Sophia. XI - 237 Seiten. 1979.

Bd. 25/1a MICHAEL LATTKE: *Die Oden Salomos in ihrer Bedeutung für Neues Testament und Gnosis*. Band Ia. Der syrische Text der Edition in Estrangela Faksimile des griechischen Papyrus Bodmer XI. 68 Seiten. 1980.

Bd. 25/2 MICHAEL LATTKE: *Die Oden Salomos in ihrer Bedeutung für Neues Testament und Gnosis*. Band II. Vollständige Wortkonkordanz zur handschriftlichen, griechischen, koptischen, lateinischen und syrischen Überlieferung der Oden Salomos. Mit einem Faksimile des Kodex N. XVI - 201 Seiten. 1979.

Bd. 26 MAX KÜCHLER: *Frühjüdische Weisheitstraditionen*. Zum Fortgang weisheitlichen Denkens im Bereich des frühjüdischen Jahweglaubens. 703 Seiten. 1979.

Bd. 27 JOSEF M. OESCH: *Petucha und Setuma*. Untersuchungen zu einer überlieferten Gliederung im hebräischen Text des Alten Testaments. XX - 394 - 37* Seiten. 1979.

Bd. 28 ERIK HORNUNG / OTHMAR KEEL (Herausgeber): *Studien zu altägyptischen Lebenslehren*. 394 Seiten. 1979.

Bd. 29 HERMANN ALEXANDER SCHLÖGL: *Der Gott Tatenen*. Nach Texten und Bildern des Neuen Reiches. 216 Seiten, 14 Abbildungen. 1980.

Bd. 30 JOHANN JAKOB STAMM: *Beiträge zur Hebräischen und Altorientalischen Namenkunde*. XVI - 264 Seiten. 1980.

Bd. 31 HELMUT UTZSCHNEIDER: *Hosea – Prophet vor dem Ende*. Zum Verhältnis von Geschichte und Institution in der alttestamentlichen Prophetie. 260 Seiten. 1980.

Bd. 32 PETER WEIMAR: *Die Berufung des Mose*. Literaturwissenschaftliche Analyse von Exodus 2,23-5,5. 402 Seiten. 1980.

Bd. 33 OTHMAR KEEL: *Das Böcklein in der Milch seiner Mutter und Verwandtes.*
Im Lichte eines altorientalischen Bildmotivs. 163 Seiten, 141 Abbildungen. 1980.

Bd. 34 PIERRE AUFFRET: *Hymnes d'Egypte et d'Israël.* Etudes de structures litté-
raires. 316 pages, 1 illustration. 1981.

Bd. 35 ARIE VAN DER KOOIJ: *Die alten Textzeugen des Jesajabuches.* Ein Beitrag
zur Textgeschichte des Alten Testaments. 388 Seiten. 1981.

Bd. 36 CARMEL McCARTHY: *The Tiqqune Sopherim and Other Theological Cor-
rections in the Masoretic Text of the Old Testament.* 280 Seiten. 1981.

Bd. 37 BARBARA L. BEGELSBACHER-FISCHER: *Untersuchungen zur Götter-
welt des Alten Reiches im Spiegel der Privatgräber der IV. und V. Dynastie.*
336 Seiten. 1981.

Bd. 38 MÉLANGES DOMINIQUE BARTHÉLEMY. Etudes bibliques offertes à
l'occasion de son 60e anniversaire. Edités par Pierre Casetti, Othmar Keel et
Adrian Schenker. 724 pages. 31 illustrations. 1981.

Bd. 39 ANDRÉ LEMAIRE: *Les écoles et la formation de la Bible dans l'ancien Israël.*
142 pages, 14 illustrations. 1981.

Bd. 40 JOSEPH HENNINGER: *Arabica Sacra.* Aufsätze zur Religionsgeschichte
Arabiens und seiner Randgebiete. Contributions à l'histoire religieuse de l'Arabie
et de ses régions limitrophes. 347 Seiten. 1981.

Bd. 41 DANIEL VON ALLMEN: *La famille de Dieu.* La symbolique familiale dans
le paulinisme. LXVII - 330 pages, 27 planches. 1981.

Bd. 42 ADRIAN SCHENKER: *Der Mächtige im Schmelzofen des Mitleids.* Eine
Interpretation von 2 Sam 24. 92 Seiten. 1982.